簡牘精要

학자원

간독정요簡牘精要

본서는 1책 67장의 목판본이다. 간행 연대와 편자는 미상이다.

권두에는 간독정요목록簡牘精要目錄이 있고 이어서 본조국기本朝國忌가 있어 조선시대朝鮮時代 태조강헌대왕太祖康獻大王~헌종철효대왕憲宗哲孝大王에 이르기까지의 역대 왕과 왕후들의 기일忌日 · 탄년誕年 · 즉위卽位 및 전위傳位연도, 승하僧下연월일, 능陵 소재지 등을 상세하게 기록하고 있다.

본문은 춘하추동春夏秋冬 사계절에 따라 각 계절 · 월 · 일의 이칭을 적고, 그 밑에 시구詩句 · 괘상卦象 · 율려律呂 · 월건月建 · 전차躔次와 계절별 편지 쓰는 격식을 평월과 윤월로 나누어 서두書頭 · 문투問套 · 답투答套 등을 구체적인 예를 들어 제시해놓고 있다.

그밖에도 가간왕복투家間往復套 · 왕복서두식往復書頭式 · 독서근면讀書勤勉 · 시사왕복詩詞往復 · 문학文學 · 필법筆法 · 용지容止 · 덕행德行 · 재예才藝 · 정사政事 · 언어言語 · 시비是非 · 차구借求 · 수연청사壽筵請謝 · 혼례婚禮 · 수령守令 · 복직復職 · 국상國喪 등 계절에 관계없이 사용되던 편지격식을 여러 가지 다양한 항목에 걸쳐 보기를 들고 있다.

이 책은 양반 사대부들의 일상생활에 유용하게 이용될 수 있는 다종다양한 편지 격식과 요령을 담고 있기 때문에 일상생활에서 특별한 통신수단이 없었던 조선시대 식자층의 요구에 합당한 구성이라 하겠다. 편지서식을 체계적으로 기록한 실용서로서, 그들의 언어생활의 단면을 파악하고 풍속과 예법을 연구하는 데 도움이 된다. 제반 서식문자書式文字들이 거의 빠짐없이 제시되고 있는 점도 특징이다.

한문학에서 수용할 수 있는 서간문의 성격은 물론 이 같은 격식에 구속된 내용이 아닐 것이나, 당시 문자생활의 단면을 파악하고 풍속과 예법의 일부분을 연구하는데 도움이 될 수 있을 것이다.

- 편집부 -

簡牘精要目錄

春 正月 附月號名節詩句律呂月建躔次例饕以下十二月放此

書頭 元日請附具荅体 新年探候附具荅体

元請附具荅体 閏月

書頭 撲蝶日請附具荅体 閏月

三月

書頭 上巳請附具荅体 花辰請附具荅体

餞春請附具荅体 閏月

夏 四月

書頭 綠陰請附具荅体

八日請 附具答体 閏月

五月

書頭 端午請 附具答体 閏月

六月

書頭 伏日請 附具答体 閏月

秋

七月

書頭 七夕請 附具答体

既望請 附具答体 閏月

八月

書頭 中秋節請 附具答体 閏月

九月

書頭 重陽請 附具答体

楓辰請 附具荅体 閏月

冬 十月

書頭 雪朝請 附具荅体 閏月

十一月

書頭 至日請 附具荅体 閏月

十二月

書頭 除夕請 附具荅体 閏月

家間往復套 附三黨稱呼及侍下類

往復書頭式 附生面不知姓名稱呼及叙未相識荅未相識

讀書勸勉 附經傳秦燔後更傳事實及經傳冊名變稱

詩詞往復 附篇法及十二格 文學 附藝文志六藝文論

筆法 附八體六書六體及紙筆墨所自出紙筆硯墨名号

容止 附身體臟腑名字　　德行 附六德六行條目

才藝 附六藝條目　　政事 附洪範八政五事

言語　　是非 附諸家之出於是入於非

借求 附器用服飾食物人馬　　壽筵請謝 附仙府長生之物

婚禮 附嫁娶之本及佳郎賢媛婚姻文字婿書式

生子生女賀謝 附繼後文字類

饋遺 附物目　　薦引 附地師卜士相士畫工

作別 附杜翁送別詩二首及燕行監司守令

憂患 附陽憂類慎節類　　傷逝 附告訃吊狀別紙慰狀

喪人往復 附稽顙類罪人類　　科舉 附式年文科之數及生進初試陞補合製製

仕宦 附卜相陞擢初仕賀說　　將任 附元戎亞將

方伯 附八道監營　　居留 附四都留營

簡牘精要 三

祧

本朝國忌

太祖康獻大王 乙亥誕降 大明洪武壬申登寶位
戊寅傳位于 定宗戊子五月二十
四日昇遐在位七年 在上王位十年春
秋七十四○健元陵 楊州三十里

神懿王后韓氏 籍安邊安川府院君卿女丁丑誕降
辛未九月二十三日昇遐春秋五十
五○齊陵 開
城二百里

神德王后康氏 籍谷山象山府院君允成女 誕
降丙子八月十三日昇遐 顯宗己
酉追復○貞陵
楊州十五里

定宗恭靖大王 丁酉誕降 初封永安君戊寅即位庚
辰傳位于 太宗己亥九月二十六
日昇遐元年己卯在位二年上王位十九年春
秋六十三○厚陵 開城二百里

定安王后金氏 籍慶州門下左侍中天瑞女乙未誕
降壬辰六月二十五日昇遐春秋五
十八○厚
陵同原

祧 祧

太宗恭定大王 丁未誕降初封靖安君庚辰即位戊寅傳位于世宗壬寅五月初十日昇遐元年辛巳在位十八年上王位四年春秋五十六○獻陵廣州四十里

元敬王后閔氏 籍驪興驪興府院君霽女乙巳誕降庚子七月初十日昇遐春秋五十六○獻陵同原

世宗莊憲大王 丁丑誕降戊戌即位庚午二月十七日昇遐元年己亥在位三十二年春秋五十四○英陵驪州一百八十里

昭憲王后沈氏 籍青松青川府院君溫女乙亥誕降丙寅三月二十四日昇遐春秋五十二○英陵同原

文宗恭順大王 甲午誕降庚午即位壬申五月十四日昇遐元年辛未在位二年春秋三十九○顯陵楊州三十里

顯德王后權氏 籍安東花山府院君專女戊戌誕降辛酉七月二十四日昇遐春秋二十四○顯陵同原

祧 端宗恭懿大王 辛酉誕降壬申即位丁丑十月二十四日昇遐元年癸酉在位三年上王位二年春秋十七肅宗戊寅追復。莊陵寧越四百里

祧 定順王后宋氏 籍礪山礪良府院君玹壽女庚申誕降辛巳六月初四日昇遐春秋八十二肅宗戊寅追復。思陵楊州四十里

祧 世祖惠莊大王 丁酉誕降初封首陽大君乙亥受傳位戊子九月初八日昇遐元年丙子在位十三年春秋五十二○光陵楊州七十里

祧 貞熹王后尹氏 籍坡平坡平府院君璠女戊戌誕降癸卯三月三十日昇遐春秋六十六○光陵同原

德宗懷簡大王 戊午誕降丙子冊世子丁丑九月初二日昇遐春秋二十成宗乙未追崇○敬陵高陽三十里

昭惠王后韓氏 籍清州西原府院君確女丁巳誕降甲子四月二十七日昇遐春秋六十八成宗即位追尊○敬陵同原

祧 祧 祧

睿宗襄悼大王 庚午誕降戊子即位己丑十一月二十八日昇遐元年己丑在位一年春秋二十○昌陵高陽三十里

章順王后韓氏 籍淸州上黨府院君明澮女乙丑誕降辛巳十二月初五日昇遐春秋一十七○恭陵坡州六十里

安順王后韓氏 籍淸州淸川府院君伯倫女誕降戊午十二月二十三日昇遐春秋○昌陵同原

成宗康靖大王 丁丑誕降初封者山君己丑即位甲寅十二月二十四日昇遐元年庚寅在位二十五年春秋三十八○宣陵廣州二十里

恭惠王后韓氏 籍淸州上黨府院君明澮女丙子誕降甲午四月十五日昇遐春秋一十九○順陵坡州六十里

貞顯王后尹氏 籍坡平鈴原府院君濠女壬午誕降庚寅八月二十二日昇遐春秋六十九○宣陵同原

祧

燕山主 甲寅即位元年乙卯在位十一年丙寅放于喬桐○墓楊州海等面○夫人愼氏領議政承善女○墓楊州天藏山

中宗恭僖大王 戊申誕降初封晋城大君丙寅即位甲辰十一月十五日昇遐元年丙寅在位三十八年春秋五十七○靖陵廣州二十里

端敬王后愼氏 籍居昌益昌府院君守勤女丁未誕降丁巳十一月初七日昇遐春秋七十一英宗己未追復○温陵楊州四十里

章敬王后尹氏 籍坡平坡原府院君汝弼女辛亥誕降乙亥三月初二日昇遐春秋二十五○禧陵高陽三十里

文定王后尹氏 籍坡平坡山府院君之任女辛酉誕降乙丑四月初七日昇遐春秋六十五○泰陵楊州二十里

仁宗榮靖大王 乙亥誕降甲辰即位乙巳七月初一日昇遐元年乙巳在位一年春秋三十一○孝陵高陽三十里

祧 祧 祧

國忌 三

仁聖王后朴氏 籍羅州錦城府院君墉女甲戌誕降 丁丑十一月二十九日昇遐春秋六

十四○孝陵同原

明宗恭憲大王 甲午誕降初封慶源大君乙巳即位 丁卯六月二十八日昇遐元年丙午

在位二十二年春秋三十四 ○康陵楊州二十里

仁順王后沈氏 籍青松青陵府院君鋼女壬辰誕降 乙亥正月初二日昇遐春秋四十四

○康陵同原

宣祖昭敬大王 壬子誕降初封河城君丁卯即位戊 申二月初一日昇遐元年戊辰在位

四十一年春秋五十七 ○穆陵楊州二十里

懿仁王后朴氏 籍羅州潘城府院君應順女乙卯誕 降庚子六月二十七日昇遐春秋四

十六○穆陵同原

仁穆王后金氏 籍延安延興府院君悌男女甲申誕 降庚子六月二十七日昇遐春秋四

十九○穆陵同原

祧 祧

光海主 戊申即位元年己酉在位十四年癸亥放于江華○墓楊州眞官面○夫人柳氏判尹自新女○墓同原

元宗恭良大王 庚辰誕降封定遠君己未十二月二十九日昇遐春秋四十 仁祖癸酉追崇○章陵金浦七十里

仁獻王后具氏 籍綾州綾安府院君思孟女戊寅誕降丙寅正月十四日昇遐春秋四十九 仁祖癸酉追崇○章陵同原

仁祖憲文大王 乙未誕降初封綾陽君癸亥即位己丑五月初八日昇遐元年癸亥在位二十七年春秋五十五○長陵交河七十里

仁烈王后韓氏 籍清州西平府院君浚謙女甲午誕降乙亥十二月初九日昇遐春秋四十二○長陵同原

莊烈王后趙氏 籍楊州漢原府院君昌遠女甲子誕降戊辰八月二十六日昇遐春秋六十五○徽陵楊州三十里

孝宗宣文大王 己未誕降初封鳳林大君己丑即位己亥五月初四日昇遐元年庚寅在位十年春秋四十一○寧陵驪州一百八十里

仁宣王后張氏 籍德水新豊府院君維女戊午誕降甲寅二月二十四日昇遐春秋五十七○寧陵同原

顯宗彰孝大王 辛巳誕降己亥即位甲寅八月十八日昇遐元年庚子在位十五年春秋三十四○崇陵楊州三十里

明聖王后金氏 籍清風清風府院君佑明女壬午誕降癸亥十二月初五日昇遐春秋四十二○崇陵同原

肅宗元孝大王 辛丑誕降甲寅即位庚子六月初八日昇遐元年乙卯在位四十六年春秋六十○明陵高陽三十里

仁敬王后金氏 籍光州光城府院君萬基女辛丑誕降庚申十月二十六日昇遐春秋二十○翼陵高陽三十里

祧　祧　祧

國忌

仁顯王后閔氏 籍驪州驪陽府院君維重女丁未誕
降辛巳八月十四日昇遐春秋三十
五○明
陵同原

仁元王后金氏 籍慶州慶恩府院君柱臣女丁卯誕
降丁丑三月二十六日昇遐春秋七
十一○明
陵同原

景宗宣孝大王 戊辰誕降庚子即位甲辰八月二十
五日昇遐元年辛丑在位四年春秋
三十七○懿陵
楊州二十里

端懿王后沈氏 籍青松青恩府院君浩女丙寅誕降
戊戌二月初七日昇遐春秋三十三
○惠陵楊
州三十里

宣懿王后魚氏 籍咸從咸原府院君有龜女乙酉誕
降庚戌六月二十九日昇遐春秋二
十六○懿
陵同原

英宗顯孝大王 甲戌誕降甲辰即位丙申三月初五
日昇遐元年乙巳在位五十二年春
秋八十三○元陵
楊州三十里

祧 祧

圖忌 五一

貞聖王后徐氏 籍達城 達城府院君宗悌女壬申誕 降丁丑二月十五日昇遐春秋六十

六○弘陵 高陽三十里

貞純王后金氏 籍慶州 鰲興府院君漢耉女乙丑誕 降乙丑正月十二日昇遐春秋六十

一○元陵 同原

眞宗孝章大王 己亥誕 降 初封敬義君 戊申十一月十六日昇遐春秋二十 正宗即位

丙申追崇○永陵 坡州六十里

孝純王后趙氏 籍豐壤 豐陵府院君文命女乙未誕 降辛未十一月十四日昇遐春秋三

十七追崇○ 正宗即位 永陵同原

正宗莊孝大王 壬申誕 降丙申即位庚申六月二十八日昇遐元年丁酉在位二十四年

春秋四十九○健陵 水原一百里

孝懿王后金氏 籍清風 清原府院君時默女癸酉誕 降辛巳三月初九日昇遐春秋六十

九○健陵同原

純宗成孝大王庚戌誕降庚申即位甲午十一月十三日昇遐元年辛酉在位三十四年

春秋四十五〇仁陵交河七十里

大王大妃殿下金氏籍安東永安府院君祖淳女己酉五月十五日誕降

翼宗孝明大王己巳誕降庚寅五月初六日昇遐春秋二十二憲宗即位甲午追崇〇

綏陵楊州二十里

王大妃殿下趙氏籍豊壤豊恩府院君萬永女戊辰十二月初六日誕降

憲宗哲孝大王丁亥誕降甲午即位己酉六月初六日昇遐元年乙未在位十五年春秋

二十三〇景陵楊州三十里

孝顯王后金氏籍安東永興府院君祖根女戊子誕降癸卯八月二十五日昇遐春秋十

六〇景陵同原

大妃殿下洪氏 籍南陽益豊府院君在龍女辛卯正月二十二日誕降

主上殿下 辛卯六月十七日誕降己酉即位元年庚戌寶位萬萬歲

中宮殿下金氏 籍安東永恩府院君汶根女丙申三月二十三日誕降

簡牘精要卷之全

時令

春 在五行為木在五常為仁在五事為貌○○天子駕蒼龍載青旂衣青衣服倉玉迎春東郊○○其氣也

新年韻

正月 端月 初月

元三日 元朝○○元日○天臘○○雞日 初二日 狗日 初三日 豕日 初四日 羊日 初五日 馬日 初六日 牛日 初七日 人日 初八日 穀日 十五日 上元○元夕○元宵

大允月之初一日云初吉初二日云旁死魄初三日云朏 初三日月生於西而名日朏也書傳云丙午朏 或云哉生魄十五日云望十六日云既望或云哉生魄又或云既生魄二十日云念日二十九日云小晦三

十日云晦日

春日春盤細生菜忽憶兩京梅發時盤出高門行白玉菜傳纖手送青絲巫峽寒江那對眼杜陵遠客不勝悲此身未知歸定處呼兒覓紙一題詩 右杜子立春詩

春入陂湖已折冰流年誰解繫長繩土膏動後麥苗長棄眼紋來蠶事與稅足了無徵欠更飯香時有乞齋僧開正父老須占候已決今年百稼登 右放翁初春詩

卦象 在卦爲泰月 十月爲純陰則在卦爲重地坤十一月則一陽始生於下而爲地雷復十二月則二陽生於下而爲地澤臨正月則三陽生於下而爲地天泰餘月倣此○周易卦象曰天地交泰后以財成天地之道輔相天地之宜以左右民

律呂 在律爲太簇之月 律曆志云簇奏也奏進也陽氣大奏地而達物位於寅○月令云律中太簇

月建 在斗建爲寅月 曆有三正夏建寅爲歲首商建丑爲歲首周建子爲歲首○天●文志云太歲在寅曰攝提正月出名監德

【躔次】在日躔爲娵訾之月（是月也日躔娵訾之次）
其日甲乙（古甲子甲日閼逢乙日旃蒙）其帝太皞其神句芒
其虫鱗其音角其數八（三八木是以云盛德在木）其味酸其
臭羶其祀户其器疏以達（二三月倣此）

【[illegible]集】、孟春　新正　新元　獻發　峭寒　春寒

【書頭】歲幹在甲（乙丙以下各隨當年歲干）星杓建寅仰體天時之更始
當念人事之改舊矣今年而覺昨年之非今日而悟
前日之慾勤勤孜孜終始惟一則自免物欲之害心
可期清明之在躬其於君子進德及時之義悟往追
来之道豈不美哉

壬癸之冬今已過甲乙之春序載届
三陽鼎始萬象咸熈 寒盡北陸節迓東皇
天時泰亨人事貫新 玄冥言歸靑陽布和
元日請具體
拜上或謹拜上○或謹拜候上皆用於平交 餘皆倣此
乾道磨蟻節候帖難伏惟或伏詢○或謹問○恪詢此朝
兄體迓新增吉仰賀且溯不任憧〻弟奉老迎歲喜
懼益切而顧此年去業退自負初心以是為悶第耿
結之懷不能自已雖未及趍賀膺福而先此坐屈吾
兄幸須 勿嫌即枉相較新年之貺未知如何謹當
掃榻而待矣餘不備禮或云不備書例○或云不備候禮
即弟逋拜或云沕拜

答書

謝上(一云謹謝上 一云謹謝候上)○餘皆倣此

歲換新舊誠切瞻想即拜(一云即承○一云即拜承○)

先施惠問謹審(一云即審○一云仍審○一云敬審)元朝

兄候(兄弟同居則云兄棣候)茂膺萬祉而餞迎之際舞彩度

日世上榮辱庶不入吾心矣不知天壤之間何樂如

斯獻賀之餘旋切仰慰弟逢新之感難以形言而虛

費光陰忽復添齒自不覺此身之將作何狀人念之

秪可瞿然也來汝之　教敢不翼如第屠蘇之酒温

湯而待焉餘在進敘不備謝禮(一云不備謹謝候上)

即旋弟逋拜

新年探候

上候書 用尊丈 餘皆倣此

桃符換舊句玆報春伏不審 一云伏問 新元

氣體候餞迎萬安伏慕且賀不任下誠侍生親節粗

安是為新年之幸而未修學業只添年矢伏庸悶歎

新年即擬進謁而緣於事擾尚未遂誠下懷伏悵餘

為探

體候康寧不備白 一云不備達

是日侍生某再拜○ 拜手用於執事等人

答書

奉謝 近日則以極恭為主雖抵侍生書多用平交書式故一云謝上而奉答奉謝奉状只用於堂內甲行 餘皆倣此

獻發已久瞻耿殊甚即奉

惠字（一云手書）從審新元
侍彩（一云侍履）增休慰賀曷已記末劣狀依舊而年〻一所
得者只是眼月漸晦鬢雪益滚而已第此　委問感
何可言餘留不宣式　　　即記末頓

上元日請

某洞　侍案　将命（用於平交）

新正已至半月名節申届元宵伏惟此際
兄侍候萬衛仰溯且祝弟憒〻劣〻無足奉聞今夕
不欲枉臨耶金吾弛禁之夜若與同志四五人踏
去橋月聽歸街鍾且仰看桂影之某邊厚薄以占穡
事之何道豐登則一年清興亦無過於此宵矣某兄
已為不期而會幸須飛也似　惠然千萬餘為此姑

留不備

答書

某仁兄　清拂　回敬

嚮仰政勤　委伻即至第謹審日来

兄候崇毖何㒷仰慰第省側粗依私幸何喻第近日

風寒比前稍減月色入夜似好雖無　兄教豈可作

窮狀人老病態於如此良宵耶某兄亦為在　座云

即當進去兼叙侘阻之懷也餘留不備謝上

書頭

青臺盡職仰體　九重之撫辰黃道推歩乃見再置

其建寅

月臨三元斗指兩辰

二月 令月如陽

初一日 中和節天正節 初二日 踏青節 十二日 百花生日 十五日 花朝○岳武穆生 十六日 長春節

天象 在大壯之月 大象曰雷在天上大壯君子以非禮不履

律呂 在律爲夾鍾之月 律歷志云陰夾助太簇宣四方之氣而出種物也位於卯

○月令云律中夾鍾

月建 在斗建爲卯月 天文志云太歲在卯曰單閼二月出名降入

躔次 在日躔爲降婁之月 是月也日躔降婁之次

例套

仲春 春和

書頭

軌順周天時届殷春　陽舒大陸日煦和颸
日賓義谷民析堯野　三春甫半百刻平分
柳眼窺春桃聰美日　春和將闌淑氣方昇
撲蝶日請 十五日
節序已過踏青春樹方見胎紅伏惟此時
足侯崇衛溯祝之誠靡日不勤弟一味懶散而已就
今日即撲蝶之節也古之人曾有此會而我國則曾
未聞其作此會也無論其日有酒則是名節也邀朋
則是佳會也弟所適有薄酒殘肴幸即　賁然以爲
永今朝之地如何雖無撲蝶之舉當此日有此會則
亦可曰撲蝶之會矣掃萬必　枉申仰申仰餘在面
敘姑留不備

答書

春和漸舒繻遑盍切即拜審日来兄體萬祖仰慰不斟弟姑依昨狀是幸是幸而喉渇腸飢政思澆潤今見 俯示不勝雀躍少遊當晋去矣餘留不備

書頭

已經建卯之月加設賔寅之節玄鳥已至蒼鶊再鳴積其盈虛之度間於仲季之春

初三日 節上 乜 二十八日 答頭

蚕月 嘉月

簡牘精要

夬象 在夬為夬月夬象曰澤上於天夬君子以施祿及下居德則忌

律呂 在律為姑洗之月律歷志云洗潔也陽氣洗物辜潔之也辜者必也位於辰

○月令云律中姑洗

月建 在斗建為辰月天文志云太歲在辰曰執徐三月出名青章

躔次 在日躔為大梁之月是月也日躔大梁之次

四月節前戊已司令戊已土也以五行而言之則寄旺於金木水火以節侠而言之則寄旺於春夏秋冬四季朔以五常而言之則為信季朔倣此

例套

月令云中央土其日戊已古甲子戊日著雍已日屠維其帝黃帝其神后土其虫倮其音宮其律黃鍾其數五五十土五其味甘其臭香其祀中霤天子駕黃騂載黃旂衣黃衣服黃玉以月令之次言之當在六月之下

季春　暮春　和煦　花辰　花雨　春暄

書頭

三春已暮萬和方暢　芳草有情落花無語
一氣流元百花爭姸　紅蒸桃花青歸柳葉
仁颷乍嘘惠雨纔過

上巳請

紅蕚遶樹黃鳥啼春敬問比來
靜體萬休區〻勞祝弟近探風景殆乎無一日在家
自顧渠身作一箇顚狂之人而已就修禊蘭亭永和
之勝事也晉代風流豈可專美於古耶明朝上巳必
為　惠臨伴進甚處娛此良辰之地千萬餘不備

荅書

風細杏花之天烟晴芳草之路此時懷仰政切適見
貴邊靑猿敬傳長幅素牋披讀再三則乃是答 兄
誘我以風景者也第右軍遺事千載留芳而今欲作
退古之擧吾 兄風流可謂直入晉室矣敢不穩討
於淸湍修竹之間哉就審邇來
兄候衛重尢荷尢荷弟狀依昔而已餘在面晤不備

花辰請

沂水冠童前川花柳政當其時伏惟
兄候際玆萬重而做得幾度淸醉幾篇新詩耶區〻
顒闇弟狀依昨無足仰浼而幸蒙無私陽春不嫌貧
家小園之穀重奇芬亦堪寓目幸望即爲 命駕共
酹花辰品題風月未知如何甚企甚企不備

答書

太皡釀三百六旬之和桃李傳二十四番之信方見
向陽之易春政㓛對景而懷人料外　華凾来墜荒
陋雙手擎讀不勝欣慰况謹審邇来
震艮之萬重者乎弟狀印昔而方誦程子詩莫辭酒
盞十分醉只恐風花一片飛之際所示如此豈敢不
慣聽　偉論於賁花傾蟻之間哉餘在進叙不備

餞春請

綠暗千山紅稀萬樹謹問玆辰
動止𠊱萬護仰溯仰溯弟汚拙如昨而今因二三知
己之来訪欲登近家一麓用餞青皇之駕為詩吾
兄則不欲　枉臨耶且二三友皆與吾　兄有雅契

之間而座無他客味無兼品矣方此許候即ㄷ 貢

然如何餘不備

荅書

乍阻悵耿即拜審日来

兄體護重仰慰仰慰第狀無足奉聞第白日難繫青

春易過悵ㄷ之懷殆若情契之分手吾 兄先獲我

心設此送餞之席豈敢不晉參於 座末耶餘在進

攄多少不備謝候禮

書頭

律吁姑洗日積餘分

青陽加駈三春朱明退待一朔

夏 在五行爲火在五常爲禮在五事爲視○○天子駕赤騮載赤旂衣朱衣服赤玉迎夏南郊○○其氣也主乎長養

四月 陰月

初八日 釋迦佛生又釋迦佛成道日遂爲浴佛節

詩句 衰年正苦病侵凌首夏何須氣鬱蒸大水淼茫炎海接奇峰硉兀火雲升思沾道暍黃梅雨敢望宮恩王井冰不是尚書期不顧山陰夜雪興難乘 右杜子執熱詩

城上朱旗夏令初溪頭綠水蘸菰蒲花貪結子無遺萼燕接飛虫正哺雛簫鼓賽蚕人盡醉陂塘多稻客相呼長安青蓋金羈馬也有農家此樂無 右放翁初夏詩

卦象 在卦爲乾月 卦象曰天行健君子以自彊不息

律呂 在律爲仲呂之月 律歷志云微陰始起未成著於其中旅助姑洗宣氣齊物

位於巳○月令云律中中呂

月建 在斗建爲巳月 天文志云太歲在巳日大荒落四月出名路踵

躔次 在日躔為實沈之月（是月也日躔實沈之次）

其日丙丁（古甲子丙日柔兆丁日彊圉）其帝炎帝其神祝融

其虫羽其音徵其數七（二七火）其味苦其臭焦其

祀竈其器高以粗（五六月倣此）

例套 孟夏 肇夏 槐夏 梅雨

書頭

槐風報夏麥浪翻秋 殘紅餞春新綠入夏

日永風和時物向茂 紅雨已歇綠陰始遍

綠陰請

清和令日風氣適人上下層陰鶯聲喚友悵望 軒

屛只切懷想謹問茲際

兄候淸穆區〻勞祝弟狀姑依而所謂課工今年如
昨年今日如昨日終未見一步夬進是悶是悶窃欲
與諸益逍遙於綠陰之下碧流之上討論古今諷詠
景物以爲少開迷悶之心而吾 兄若不 賁臨則
此會政是無味故玆以走伻 惠然爲望餘不備

答書

密〻濃陰繞於四隈以綠〻之一色爲素以形〻之
群物爲繪而靜觀其相映於此則黃有谷鶯之金擲
白知洲鷺之雪翻雖是吳道子之高手亦難畵得此
畵外之活畵矣如此良辰恨未得攀 高躅暢幽懷
於山水好處際承 惠書辭教勤摯實感不鄙之
盛念即伸拜謝之微忱爲計耳餘在進叙不備

八日請

青梅報候日劫懷人綠樹成帷春歸如客伏惟辰下
靜體晏重仰溯憧〻弟姑保宿狀而蟄伏窮巷無所
事為外若閒〻而內實悶〻也今聞火棚之戲倍多
金穰之餘云必為　振衣過我携手登山以暢幽懷
未知如何餘不備

答書

向仰憧〻即拜審比来
兄體內增重慰荷不已弟狀無減於舊日樣子是為
私分之幸第今年戲棚椀燈之壯觀似不下於廣陵
矣謹當如　教趁進以觀　聖明之世昇平之像也
餘在夕飯後即晉不備

閏月 書頭

三夏之首再見秀萋之節一年之内復有苦菜之候

焉○又 書頭 綠陰遍山黃楊報候

五月 姤月 皐夏

初五日 天中節 地臘 十三日 關王生 竹醉日 ○

卦象 在卦為姤月 卦象曰天下有風姤 后以施命誥四方

律呂 在律為蕤賓之月 律歷志云蕤繼也賓導也陽 始導陰氣使繼養萬物也位 於午○月令 云律中蕤賓

月建 在斗建為午月 天文志云太歲在午曰 敦牂五月出名啓明

躔次 在日躔為鶉首之月 是月也日躔 鶉首之次

倒套 簡牘精要

仲夏　端陽　榴夏　麥秋

書頭

月正南郊日在東井　鶯聲轉滑麥秋已至

時毌始絺思切輕紈

端午日請

時逢地臈節屆天中伏惟辰下

起居佚淸謐彌勞凝想第澗劣無足言第觀今日景

色則鞦韆之女赴於垂楊齠齔之兒樂於蓉蒲吾儕

則於此二者皆無所關頻傾盈樽之白酒又摘暎盘

之朱櫻與情契二三人竟日穩討則其樂當如何

兄必枉臨焉餘不備

荅書

承慰承慰令適撓〻少頃當進叙矣餘不備非無并合語姑存

此備短札

閏月

書頭

年過一年之後則皆稱二年月在五月之後而不謂六月此月閒於五月六月而因為客月使浮生添得時月之間隙攀此　鳳曆者豈不喜幸

榴花姱節著莖歸奇

六月

具月

初六日天貺節　十五日流頭

卦遯

在卦為遯月卦象曰天下有山遯君子以遠小人不惡而嚴

律呂

在律為林鍾之月律歷志云林君也陰氣受任而助蕤賓君主種物使長大

栤盛也位於未○月令云律中林鍾

月建 在斗建爲未月 天文志云太歲在未曰協洽六月出名長烈

月躔次 在日躔爲鶉火之月 是月也日躔鶉火之次

別集

季夏 庚炎 霖熱 溽暑

書頭

嚴霜大凍之時每道盛暑之爲愈亢陽酷熱之際還
謂隆寒之可堪

伏日請

丙火揚威庚金蔵氣未審此時
兄候珍勝仰慰且祝弟飲暑涔涔殆難支吾自憐奈
何就飲酒避暑古人之勝事也弾碁投壷鬥士之高

致也碁地林亭清爽可愛幸須　會此或射或碁各
效所長竟日打話乘凉歸家訃之得者也未知　雖
意如何餘不備

答書

庚炎流金而不能銷盡阻懷方此向仰之際　惠書
適墜謹審比来
兄候無損慰荷不已弟劣狀一依而我心憚暑顧得
一清凉國開北窓邀少女以駈之而恨不可遂矣今
見　兄示預為爽然〻以、兄手段安能辨鄭公殼
碧桶酒楊氏子琢冰山耶第當直走碁亭矣以此諒
之也餘不備

書頭

磨蟻之度穀成閏於季夏莎雞之微物振羽於二朔

○庚金三伏林鍾再嗟

在五行爲金在五常爲義在五事爲言○天子駕白駱載白旂衣白衣服白玉迎秋西郊○其氣也

秋 主乎揫斂

七月 相月 蘭月

初七日七夕功日○十五日中元節

詩句 瞿塘峽口曲江頭萬里風烟接素秋花萼夾城通御氣芙蓉小苑入邊愁珠簾繡柱圍黃鵠錦纜牙檣起白鷗回首可憐歌舞地秦中自古帝王州

右杜子秋興詩

世事元看一毫紛紛寵辱隨兒曹雁行橫野月初上桐葉蕭庭霜未高細考虫魚箋爾雅廣收草木續離騷更餘一事君知否臥聽床頭滴小槽

右放翁秋興詩

卦象 在卦爲否月

卦象曰天地不交否君子以儉德辟難不可榮以祿

【律呂】在律為夷則之月（律歷志云則法也陽氣正法度而使陰氣夷當傷之物也）（位於申○月令云律中夷則）

【月建】在斗建為申月（天文志云太歲在申日涒灘七月出名天晋）

【月躔次】在日躔為鶉尾之月（是月也日躔鶉尾之次）

其日庚辛（古甲子庚曰上章辛日重光）其帝少皥其神蓐收其虫毛其音商其數九（四九金）其味辛其臭腥其祀門其器廉以深（八九月倣此）

【例套】

孟秋 老炎 新凉

書頭

玉律鳴秋金風蕩暑 火星流天秋陽暴地

潦盡潭清炎老凉生 露虫吟秋寒蟬鳴樹

三陰吹管一葉飄井 金飈乍動玉宇初清
七夕請
伏惟日来
兄候萬衛溯仰切〻弟依昨而已弟念今日即七〻
也天上則烏鵲成橋牛女會面人間則女子乞巧書
生曬腹眞可謂一年之佳節也幸望 勿憚枉屈之
勞俾得吟哦之趣焉餘不備
答書
承審間者
兄候清穆仰慰仰慰弟狀一依而方擬掃榻適被
先召弟當進去仰助詞壇逸興也餘不備
既望請

梧飄蕡嚴伏問此辰

兄候淸重仰溯區〻弟勞狀依舊而弟有謀婦之酒

婦待不時之需將向某江亭以效赤壁之遊兼叙蒼

葭之懷爲計　兄即俯臨焉餘不備

荅書

即拜審秋淸

兄候衛重仰慰仰慰今日　淸遊敢不仰攀　高躅

耶飯後即當進去矣不備

閏月

書頭

初秋繞過大火再流　前月既食瓜今月又食瓜

八月

壯月

桂月

十五日中秋節　二十七日孔夫子誕生

卦象　在卦為觀月 卦象曰風行地上觀先王以省方觀民設教

律呂　在律為南呂之月 律歷志云南任也陰氣旅助夷則任成萬物也位於酉○月令云律中南呂

月建　在斗建為酉月 天文志云太歲在酉曰作噩名長壬

躔次　在日躔為壽星之月 是月也日躔壽星之次

例套

仲秋　清秋　素秋　秋涼

書頭

商飈催涼殷雷收聲　秋色欲老大氣差涼

中秋節請

秋節已滐露華且凉伏惟近

候若何第狀無足言一年佳節莫如秋夕時則百果
既熟五穀皆登新清之香醪早稻之松餅家〻狼藉
其繁華之像昇平之樂豈有過於此時耶竊想今我
不樂日月其除矣幸須 惠臨以作詩會如何不備

答書

凉風日高阻懷時切即承 惠問慰感交集況謹審
兄候迪來清勝者乎第隨分飲啄他何足道 示意
拜悉而諸益團會方擦驪龍之際吾 兄必先獲珠
矣其所餘鱗甲則有何可用耶然 勤教如是第當
進去矣不備

閏月

書頭

仲秋已過八月尋逢

九月 玄月

初九日 重陽節 十五日 朱夫子生

剝象 在剝為剝月 剝象曰山附於地剝君子以厚下安宅

律曰 在律為無射之月 律歷志云射厭也陽究物而使陰氣畢剝落之終而復始無厭已也位於戌月令云律中無射○

月建 在斗建為戌月 天文志云太歲在戌曰奄茂九月出名天雎

躔次 在日躔為大火之月 是月也日躔大火之次

例套

季秋 菊秋 霜令 霜寒

書頭

繞經一夜霜風便作萬樹春花

黃華紀候 紅葉呈彩 菊英可餐楓林已晚

重陽請

蛩聲在户雁陣驚寒伏詢此時
體内神相不任勞禱弟僅保拙狀耳就令朝即龍山
落帽之節也如此良辰豈可無暇日偷樂之舉乎適
有煑糕之需泛菊之觴故玆以仰報幸須 貢臨賜
袂登高之地如何不備

荅書

節届揷茱懷仰政切即拜審邇来
兄候萬重實慰勞祝弟無聊塊坐摘取前砌之數莖
黃華而但恨謀酒不得適者 貴星来傳来汝之
書教殆同白衣使者適至於陶翁摘菊盈把之時其

所欣喜之心先於感戢之私矣曷不即進以解渴喉
耶餘不備

楓辰請

風光正佳於九秋霜氣忽染於千樹謹問日来
兄候保嗇慰溯交摯弟狀無足奉聞而冉楓滿山黄
華遶砌葛巾之漉酒果園之香味不用一錢得此秋
興之富者則豈可讓一頭於人我此時 兄向不一
顧耶若或過此則必當停車而坐愛也餘不備

答書

即承審楓辰
兄候萬勝已極仰慰而近日所享 清福旋切嘆羨
来汝之 教敢不顛倒餘不備謝禮

閏月

書頭

月值一閏日再重陽古詩所云九秋何日不重陽者政是逢閏之時歟到今可謂先獲之語也

冬 在五行爲水在五常爲智在五事爲貌○天子駕鐵驪載玄旂衣黑衣服玄玉迎冬北郊○其氣也

主聚 手藏

十月 陽月

初八日 龍 十五日 下元

詩句 地爐微火伴寒灰乘野江雲暝不開欲睡手中書自墮半酣窓外雪初来渡頭照影聞征雁篷角吹香得早梅佛粥春盤俱不遠難〻斗柄欲東回 右放翁冬日詩

天時人事日相催冬至陽生春又来刺繡五紋添弱線吹葭六管動浮灰岸容待臘將舒柳山意衝寒欲放梅雲物不殊鄉國異教兒且覆掌中盃 右杜子小至詩

簡牘精要 十八

【卦象】在卦為坤月（卦象曰地勢坤君子以厚德載物）

【律呂】在律為應鍾之月（律歷志云陰氣應无射該藏萬物而雜陽閡種也位於亥）

○月令云律中應鍾

【月建】在斗建為亥月（天文志云太歲在亥曰大淵獻十月出名天皇）

【躔次】在日躔為析木之月（是月也日躔析木之次）

其日壬癸（古甲子壬曰玄黓癸曰昭陽）其帝顓頊其神玄冥其虫介其音羽其數六（一六水）其味醎其臭朽其祀行其器閎以奄

【例套】孟冬　小春　初寒

書頭

玄冥啓候青女司寒　天時陰凝地氣閉塞

雪朝請

巽二起風騰六降雪開户視之則四方都是梨花世界窮想吾 兄遠眺之景似不如弟所矣何不 枉臨共賦老枝擎重玉龍寒之句以做異日宰相事業耶坊企坊企更問

兄候何似弟状依昔耳餘為摖不備

答書

承慰承慰韓公之宰相事業非曰不可而其間雅之趣超脫之情譬諸孤舟簑笠翁獨釣寒江雪則果何如耶無論如此如彼謹當趍拜 軒屏以瀉幽懷也不備

書頭

三冬啓序一閏歸餘

十一月 暢月 辜月

初四日 孟夫子生辰

卦象在卦為復月 卦象曰雷在地中復先王以至日閉關商旅不行后不省方

律呂在律為黃鍾之月 律歷志云黃者中之色也君之服也鍾者種也陽氣種於黃泉滋萌萬物始於子 ○月令云律中黃鍾

月建在斗建為子月 天文誌云太歲在子曰困敦十一月出名天宗

躔次在日躔為星紀之月 是月也日躔星紀之次

例套

書頭

仲冬 至寒 至沍

月旅黃鍾日添紅線　時暮北陸氣穌南至
冰堅水腹雪粧山面

至日請

雷動子夜物占甲坼謹問此時
兄候萬護仰溯憧ㄷ弟省事粗遣是幸就今朝即亞
歲也日寒稍鮮陽意始晉杜詩所云冬至陽生春又
來者政謂此也逢此佳辰不可虛度玆以仰報或可
賁臨一詠當日景色耶至企至企餘不備

答書

剡往復来天心可見際承審日来
侍候萬重實咔頌言弟粗保昨狀而已来女之　教
敢不翼如但久廢之簧不可復鼓以是為懼耳不備

閏月

書頭

黃鍾再曬暖律玄陰益肆寒威

十二月 除月

三十日 除日 除夕

卦象 在卦為臨月 卦象曰澤上有地臨君子以教思无窮容保民无疆

律呂 在律為大呂之月 律歷志云呂旅也陰大旅助黃鍾宣氣牙物也位於丑○

月令云律中大呂

月建 在斗建為丑月 天文志云太歲在丑曰赤奮若十二月出名天昊

躔次 在日躔為玄枵之月 是月也日躔玄枵之次

例套

季冬 臘沍 雪沍 窮沍

書頭

積雪助寒窮陰催歲 歲律崢嶸朔風栗烈

雪意放梅岸容舒柳 土牛送寒巢鵲感時

除夕請

日除灰管節届爆竹恪詢此時

兄候萬吉仰溯區〻弟杜門潛蔵真作蟄虫生活歲

序垂盡益使人奉懷矣今夕若不 枉顧則將作隣

歲顏面幸須 賁臨穩討今年情話未知如何不備

答書

汲〻短景殆同逝〻赴壑之水殘臈只有今夜雞鳴

前相望渺然益增悵耿即拜審比辰

兄候萬衛何等仰慰弟身家依舊而已承汝之 教

抽身無路孤負勤意不勝悚仄餘惟冀

餞迓多祉不備謝禮

閏月

書頭

窮陰綫節大呂重律

家間往復套

三黨稱號

父黨 王父（己之祖父）王尊丈（人之祖父）嚴君家君（并稱己父）春府

丈（人之父）舍叔（己之叔父）季父伯仲 阮丈（人之叔季父）伯仲 舍伯舍

仲舍季（己之兄弟）伯氏仲氏叔氏季氏（人之兄弟）迷兒豚

兒家豚（并己之子）令胤賢胤（并人之子）賢仍令仍（并人之孫）

母黨 王母（己之祖母）王大夫人（人之祖母）慈親（己之母）萱堂（人之

母

渭陽丈 人之 母之舅

妻黨

內子 荊妻 細君 己之妻 賢閤 人之妻 聘君 聘母 己之

冰清 妻之父 人之妻父 嬌客 新婿 玉潤 人之婿

侍下類

重侍下 祖父母及父母侍下 具慶下 父母俱存 嚴侍下 父侍下 慈侍

下 母侍下 永感下 父母俱沒

父在家寄子書

寄某兒

汝未歸家我切倚門想必事勢之所致而豈或忽念

則少弛耶客狀近果何似此間渾室依舊而已歸期

似在何時耶不勝悶鬱玆付數字安報姑此不一 一云

不具 一云不既 一云不多及 年月日 父

簡牘精要 二十二

封皮云其地旅中即傳某洞本第平書

父主前 上白是

定省久闕伏慕罙切便来即伏承

下書謹伏審春寒(隨時)

氣體候一享萬康伏慰區〻無任下誠之至而家内

大都一安亦切伏幸子客裏眠食姑保前狀而反面

之期當在某間耳餘伏祝

氣候連爲萬安不備白 年月日子某上書

封皮云某洞本宅囬納子在某地上平書

子在家上父書

父主前 上白是

行次以後承 候無路下懷伏悵曷有其極伏不審

此時

旅中氣體候無甚損節否遠外伏慕不任下忱子眠

食依前而慈候一安以是伏幸餘伏祝

氣候康寧　還次萬安不備白　年月日子某上書

封皮云某地行次所入納某洞本第上平書

答式 答其兒

信息漠然燥鬱難狀即見手滋備知伊間安否遠外

慰喜不可言吾客地苦況真可謂一日如年而歸期

則似在那間矣其間必須善過焉餘不能周悉

年月日　父

封皮云某地本第回傳某旅答書

叔侄兄弟間往復式則但改屬親稱呼而套則

上同

尊侍知舊間往復式見詩令

往復書頭式

附師生朋友奴婢稱呼

師生　函丈　丈席并稱先生　門下生　門生弟子之自稱

朋友　老兄十年以上　少弟十年以下　執事非尊丈非老兄之尊稱　記下無論

尊卑難稱弟處用　記下生不爲侍生者用之　眷下生　恤下生用於尊貴處

奴婢　迷奴己奴之　貴星人奴之　女使人婢之

往書

深臥一室不接人客自子至亥無一念不在於兄

詮伏累月不獲以時候問作止區區嚮往之私益不

自勝
緑樹交陰蟬聲滿耳心未嘗不懷仰高風
相念雖深相問無由愛矣藏之ㄷ心晨夕耿ㄷ
乍阻音徽一日眞如年何時披霧得奉淸眄
自其未見時則惟得一面幸矣及旣得見而望其容
貌聽其言論而眞知其可愛慕則去而思之愈久愈
不忘而其欲復見也乃甚於未見時矣
半日之奉未罄底蘊別後之思益復惘然矣
拜違門屛積有年所而擾汩無暇一字書候未得修
致於暬御之間悵ㄷ之懷曷有其極
向書尙未承覆其苦待之心雖執熱而望淸風憫旱
而待甘雨亦不若是之切耳

答書

塊坐窮山絶無師友之助惟時得老兄書問慼戢良
深不知攸謝

雨雪中閑户獨臥忽被專告傾慰倍劇

十書不如一見然和此亦無則遠懷何以相慰耶每
奉書問令人心眼俱開也

所被惠書諄悉周至極令人傾倒況得於積久不嗣
音之餘則其為欣幸尤非尋常可比也

嚮仰政勤短牋長幅一時并至雖無奇語異談而亦
或有洒然神醒處凱謂書不如面乎

僻居窮巷不能問人而人亦不見問不料記室珍凾
遽到於蟄伏之中開閑屢回幾於紙弊未已

山雨鳴竹端居有思忽奉來書林烏共喜

昨蒙枉款慰荷難忘早承手札重為之披寫

霜雪交積山間岑寂不意華牘翩然入眸忙手披讀

備見雅志亦足以當晤言

問書續至不知江山之阻越且數件之善謔足令人

破寂

自我書斷久矣兒猶時以書來仰念德義感愧之私

不已于中

敘未相識

向仰之誠非曰不勤而以無一日之雅故不敢輒通

書問

慕仰高風固非一日而曾未能一挹光儀猶銀河在

天可望而不可企

欽仰高風固非一日曾未奉芝宇於稠座故亦未敢
仰通姓名於左右秖自悵恨而已

稔服德望固非朝夕未由一拜居常慊悒

答未相識

從士友間得聞聲華而願交者爲日久矣蟄伏之蹤
無從際會竊以爲恨而聽於往來者之言亦知其不
鄙我而將有以辱貺也近日以來私家多擾不獲以
聲問先自通於隸人玆承枉書感愧之心欣喜之情
不可形喻

識荊有願訪戴無便猥蒙不遐之誼獲承先施之問
披玩再三感愧俱深

讀書勤勉

附經傳秦燔後更傳事實

藝文志云秦燔滅文章以愚黔首漢孝武世建藏書之策（外有太常太史博士之藏 內有延閣廣內秘室之府）置寫書之官而諸子傳說皆充秘府

成帝時使謁者陳農求遺書於天下詔光祿大夫劉向校經傳

【易】庖犧作八卦文王作六爻孔子為彖象繫辭文言序卦之屬故曰人更三聖世歷三古

【書】武帝末魯共王壞孔子宅欲廣其宮而得古文之尚書及禮記論語孝經皆古字也共王往入其宅聞鼓琴瑟鍾磬之音於是懼乃止不壞（又出孔子壁中）

【詩】孔子純取周詩上采殷下取魯凡三百五篇遭秦而全者以其諷誦不獨在竹帛故也

【禮】漢興魯高堂生傳士禮十七篇宣帝時后倉(人名)最明而戴德戴聖慶普皆其弟子禮古經出於淹中

〖經傳出名〗

周易(義易 義經)　書傳(尚書 壁經)　詩傳(葩經 毛詩)　禮記(戴記 戴禮)

論語(魯論)　中庸(思傳)　大學(曾傳)　孟子(鄒書)

大凡讀書之法初不知疑讀漸多漸〻有疑讀之既毀則疑漸釋以至無疑然後始是真讀書

朱夫子所云徐〻無欲速汲〻無敢惰者實者書之大法也

嘗聞讀書課程太多云不知尋繹講究之為好惟以
貪多務得為事則是殆無異於炊沙而欲其成飯
朱先生云知得如此是病只不如此是藥今若知優
游可懼則亦自策勵勿優游是好
易課以呂榮公六日一卦之例為定然後將見精熟
之效大抵此書本非閙擾中撥忙看過者
弟於學本無所得半生活計不出文字窠窟向來所
論文義亦足據尋常見得於章句間者而推演為說
耳能有發於高明之所未及耶
目疾之苦誠有妨於看書然朱夫子不云乎緣此間
坐却有怡養工夫他日頗恨言發之不早此是真實
經歷後說話吾人之為學正忌於操存涵養處或少

著緊令若因此靜坐一意致養則其故必有進矣況有舊書可諷就此熟複則此又豈況濫慱觀之比哉然則高明此疾雖謂之天意玉成可也恐不足爲患幸勿過慮焉

以上勸勉書

淺陋固滕徒知守先儒成說而不能默會於書言之表蹤觀於昭曠之原致煩吾兄提諭之勤至於如此而終未釋然開悟舍舊即新可愧可愧

一味昏惰過日自數日始復尋繹冊子而亦未能嚴立課程日不過讀數篇而止一暴十寒殊無賴也

縷縷禾喩蓋見相與之切感佩何勝令得吾友提警及此庶幾相與勉力少收桑榆之功幸甚

私心迷悶若蔀未開今承勉喩敢不服膺

所講者無非經訓然其文字簡約義理微密費精思
索厭心易生故未及咀嚼已自欠伸思睡矣顧安能
歆動懽欣若芻豢之悅口哉
只以四體之具外猶可比之於人而回顧其中則空
空之狀最出人下　以上荅勸勉

詩詞往復

附簾法

接頭簾

○上○平○上○　○上○平○上○
○平○上○平○　○平○上○平○
○平○上○平○　○上○平○上○
○上○平○上○　○平○上○平○

接腰簾

○上○平○上○　○平○上○平○
○平○上○平○　○上○平○上○
○平○上○平○　○上○平○上○
○上○平○上○　○平○上○平○

交股簾

○上○上○平○　○平○上○上○
○上○上○平○　○上○上○平○

	搜尾簾		開眉簾		絶腰簾	一名蜂腰	異體簾		隔句簾		首尾互
○○	○○	○○	○○	○○	○○	○○	○○	○○	○○	○○	○○
平平	平上	平上	上平	平上	平上	平平	上上	上平	平上	上平	上上
○○	○○	○○	○○	○○	○○	○○	○○	○○	○○	○○	○○
上平	上平	上平	上平	上平	上平	上平	上平	平上	平上	上平	平平
○○	○○	○○	○○	○○	○○	○○	○○	○○	○○	○○	○○
上上	平上	平上	平上	平上	平上	上上	平上	上平	上平	平上	平上
○○	○○	○○	○○	○○	○○	○○	○○	○○	○○	○○	○○
○○	○○	○○	○○	○○	○○	○○	○○	○○	○○	○○	○○
上平	平上	上平	上平	上平	平上	平上	平上	上上	上平	平上	上平
○○	○○	○○	○○	○○	○○	○○	○○	○○	○○	○○	○○
平上	上平	平上	平上	平上	上平	平上	平上	平上	平上	上平	平上
○○	○○	○○	○○	○○	○○	○○	○○	○○	○○	○○	○○
上上	平上	上平	上平	上平	平上	上平	上平	上平	上平	平上	上平
○○	○○	○○	○○	○○	○○	○○	○○	○○	○○	○○	○○

鎖簾 ○○ 平上 ○○ 上平 ○○ 平上 ○○ ○○ 平平 ○○ 上平 ○○ 平上 ○○

新增換 ○○ 平上 ○○ 上平 ○○ 平平 ○○ ○○ 上平 ○○ 平上 ○○ 上平 ○○

頭簾 ○○ 上平 ○○ 平上 ○○ 上平 ○○ ○○ 平平 ○○ 平上 ○○ 上平 ○○

十二格

疊字格 即杜翁江村詩 清江一曲抱村流長夏江村事〻幽 自去自來堂上燕 相親相近水中鷗 老妻畫紙爲碁局 稚子敲針作釣鉤 多病所須惟藥物 微軀此外更何求

先體後用格 即杜翁題張氏隱居詩 春山無伴獨相求 伐木丁〻山更幽 澗道餘寒歷冰雪 石門斜日到林邱 不貪夜識金銀氣 遠害朝看麋鹿遊 乘興杳然迷出處 對君疑是泛虛舟

兩重格 即杜翁登西安寺寄裒迪詩暮倚高樓對雪峯僧來不語自鳴鐘孤城返照紅將斂近市浮烟翠且重多病獨愁常閴寂故人相見未從容知君苦思緣詩瘦太向交遊萬事慵

先情後景格 即杜翁暮春詩朝回日〻典春衣每向江頭盡醉歸酒債尋常行處有人生七十古來稀穿花蛺蝶深〻見點水蜻蜓款〻飛傳語風光共流轉暫時相賞莫相違

結上生下格 即杜翁懷古詩支離東北風塵際飄泊西南天地間三峽樓臺淹日月五溪衣服共雲山羯胡事主終無賴詞客哀時且未還庾信平生最蕭瑟暮年詩賦動江關

中聯五鎖格 即杜翁懷古詩羣山萬壑赴荊門生長明妃尚有村一去紫臺連朔漢獨留青塚向黃昏畫圖省識春風面環佩空歸月夜魂千歲琵琶作胡語分明怨恨曲中論

先景後情格 即杜翁蜀相詩丞相祠堂何處尋錦官城外柏森森映階碧草自春色隔葉黃鸝空好音三顧頻繁天下計兩朝開濟老臣心出師未捷身先死長使英雄淚滿襟

前景後合格 即杜翁諸將詩錦江春色逐人來巫峽淸秋滿壑哀正憶往時嚴僕射共迎中使望鄕臺主恩前後三持節軍令分明數擧盃西蜀地形天下險安危須仗出羣材

句應格 即杜翁登高詩 風急天高猿嘯哀渚淸沙白鳥飛迴無邊落木蕭〻下不盡長江滾〻流萬里悲秋常作客百年多病獨登臺艱難苦恨繁霜鬢潦倒新停濁酒盃

開合格 即杜翁十二月一日詩 即看燕子入山扉豈有黃鸝歷翠微短〻桃花臨水岸輕〻柳絮點人衣春來準擬開懷久老去親知見面稀他日一杯難強進重嗟筋力故山違

連珠格 即杜翁夜詩 露下天高秋水淸空山獨夜旅魂驚踈燈自照孤帆宿新月猶懸雙杵鳴南菊再逢人臥病北書不至雁無情步蟾倚杖看牛斗銀漢遙應接鳳城

[illegible]即杜翁野望詩金華山北涪水西仲冬風
日始凄凄山連越巂蟠三蜀水散巴渝下五溪
獨鶴不知何事舞飢烏似欲向人啼射洪春酒
寒仍緑目極傷神誰為攜
偶然一會遂成難朽之樂惟是錦心繡肚初不如人
而不可無詩以言志一道勝事故玆敢率爾露拙以
備讌中餘暇遮眼止睡之資幸須即賜斤正如何
第於文字無論某體本無所長而至於詩詞尤不知
調格間或有得意者亦不過粉墨塗抹若使大方家
看之則難免其見笑矣然若以拙於此而一向不欲
聞評於大家高眼則終未免淺陋故玆以書呈近日
所賦者幾韵仰備一笑之資幸望勿擲他眼俯賜斤

教千萬　以上贈詩

新詩見寄仰荷不鄙之至意而讀未幾句便覺牙頰生香

瓊什讀來便覺聲韻之瀏亮體調之諧暢雖刻意專業者亦不能過此矣

華什欽歎藻格之出人一等而且華實之兼備不可以如弟不嫺者仰賛一辭矣斤正之教所不敢承

以上謝贈詩

文學

附藝文志一藝文論

樂以和神仁之表也詩以正言義之用也禮以明體明者著見故無訓也書以廣聽智之術也春秋

以斷事信之符也五常之道備而易之爲之原與祥
地爲終始
從古記述文字易致梔蠟而喪質枝蔓而不殺而斯
篇也屬辭比事寧略無餘寧踈無行無一句冗靡瑣
屑洵紀實也文獻也不勝感恍而欽慕焉
儞示文字文章政是爾雅議論又且精蔦便是一部
之記實也
老兄莫以溝澮之涸邯鄲之失過自撝謙强勉有本
而必放乎四海益思進步而必造乎百尺則吾見其
本立而道生無所用而不周無所施而不利綽乎有
裕沛然莫禦惟老兄欽哉而念哉
集記雖孤至意萬茲搆呈而素是庸劣之文無一可

觀雖欲排沙而簡金拭泥而求珠漸見尾礫之出而
已望須勿掛他眼以覆酒甕如何

筆法

附八體六書六體

八體 一曰大篆二曰小篆三曰刻符四曰虫書五曰摹印六曰署書七曰殳書八曰隸書

六書 象形象事象意象聲轉注（轉注謂建類）假借（本無其字依聲託事）一云象形會意轉注處事假借諧聲

六體 古文（孔壁）奇字（古文而異者）篆書隸書（隸從簡易）虫書

紙筆墨所自出

古者削竹爲冊畫漆而書秦蒙恬造兎毫筆松烟

墨後漢宦者蔡倫以楮皮敗絮爲紙

紙筆硯墨名稱

紙 楮先生 剡藤 玉版 雲孫 楮友

金粟 雪箋 薛濤名人之牋 赫蹏漢彩箋

筆 中書令 管城子 毛錐 彤管 銀管

生花

硯 石鄉侯 金線硯曰石鄉侯端石文黃者爲金線 石匱中

即墨侯 硯池 墨池 馬肝

墨 松使者 犀文 蛾綠博物志墨名蛾綠其文如犀 陳玄

玄玉 烟煤 玄笏

筆法亦似用兵其臨陣對敵之際出奇設伏之時變詐無窮韜畧難測

幾帖屛次不憚揮灑之勞有此即施之舉其所感戢姑舍其字畫之活動宛若蛟龍之狀古詩所云黑蛟絡紙草書顛者政謂此也何以透得此妙境耶旋切欽歎不已也

四友告老一字無全而難孤勤示弟此仰副然污穢華牋之罪實難逃免

雖是筆家高手猶不能窮其六書八體之源而弟以何人其能透妙於此耶然教意如是勤功弟當俟間磨墨矣

答上

附身體臟腑名字

髮神 名蒼華 字太元 腦神 名精根 字泥丸 眼神 名明上 字英玄 鼻神 名玉壟 字

靈堅 耳神名空閑字幽田 齒神名崿鋒字羅千 眉神號華蓋覆明珠 心神名[illegible]
元字守靈 肺神名皓華字虛成 肝神名龍烟字含明 腎神名玄冥字育嬰 脾神
名常在字鬼庭 一字混康一字靈元 膽神名龍曜字威明

吾兒之容貌行止卓々如野鶴之在羣雞

俄於貴座得見諸益之清儀欣喜之心不可形言而

亦可曰今日之行觸目見琳琅珠玉

向時更奉芝宇耶朗々如日月入懷之像終不可忘

諸心矣

向者暫枉尚今慰仰而至于三日但聞坐處之香

作伴之教甚是好矣而兒之至義如安仁弟之至醜

如張孟陽兄則將見老嫗之擲果滿車弟則必有小

兒之投石滿車以是為懼也

德行

附六德六行條目

六德 知仁聖義忠和 六行 孝友睦婣任恤

以弟見兄如郭林宗之見黃叔度欽仰其萬頃之波澄之不清擾之不濁而不見吾兄則如周子居之時月不見叔度鄙吝之心已復生矣

吾兄風格秀整高自標持雖東漢之李元禮無以過於此後進之士若或有升其堂者亦必皆以為登龍門矣

君家兄弟可謂不可當也陳元方之難為兄陳季方之難為弟豈能專美於古耶

安貧樂道四字最是極難底工夫故孔夫子深許顏

子不改其樂於簞食瓢飲而吾兄能於固窮飲水讀書無異於顏巷當年時事若或夫子在於此世則亦發賢哉之嘆矣

其不欲以ㄷ腹累人則殆同閔仲叔之不受安邑令豬肝其伐樵採若(音夜)恰似朱百年之隱居時事其高潔之志嘉遁之心可謂今世上一人矣

廉潔與度量必如管幼安之鋤菜見金與瓦石無異隣牛暴田牽着涼處然後可謂有德行之君子矣環顧此世如是者凡幾人

才藝

附六藝条目

禮 一吉禮二凶禮三賓禮四軍禮五嘉禮

樂　一雲門(黃帝樂)　二咸池(帝堯樂)　三大韶(帝舜樂)　四大夏(大禹樂)　五大濩(成湯樂)　六大武(武王樂)

射　一白矢　二參連　三剡注　四襄尺　五井儀

御　一鳴和鸞　二逐水曲　三過君表　四舞交衢　五逐禽左

書　見上

數　一方田　二粟布　三衰分　四少廣　五商功　六均輸　七盈朒　八方程　九勾股

胸羅萬象筆掃千軍其步雲梯登金榜俾吾黨生色者可指日而待矣

吾兄才德兼備既邃於禮學又知其音律六藝之中有此二者則修齊治平之道俱在於此矣夫禮樂者

聖人所以象天地而制作通其神明立其人倫正其性情節其萬事者也是故孔子曰安上治民莫善於禮移風易俗莫善於樂禮樂之用豈不大歟幸須勉力從事以窮其源待其才展廊廟之日如何

古之學者耕且養三年而通一藝以至三十而五經卒矣今吾兒則渺少之年亦已通六經諸家之書何其夙就之如是也

政事

附洪範八政五事

八政 一曰食二曰貨三曰祀四曰司空五曰司徒六曰司寇七曰賓八曰師

五事 一曰貌二曰言三曰視四曰聽五曰思

百里之任寄重自別有民人焉有社稷焉政令之際豈可一毫泛忽以致僨誤國事耶令當奉別在邇欲畐龐仲達之往候任棠事以進之矣東漢仲達爲漢陽太守聞其郡人任棠之有奇節仲達到郡之日先爲往候於棠棠不交言乃以薤一大本水一盂置户屛前自抱兒孫伏於户下仲達思其微意曰水者欲吾清也拔大本薤者欲吾擊強族也抱其兒孫而當户者欲吾開門恤孤也歎息而還焉弟亦以是而仰勉耳

讀書之暇間以簿領仕學庶應相優理事酬爲一致棼然亂絲之綸到手則析若然肯綮之會迎刃其解否耶

以老兄富有其於蕞爾斗邑固無足為者而值歲儉
無訴應以百里不易為已憂也
酒之為害於政固大矣若或醉倒梅閣寃積蔀屋而
莫之省察則豈可曰身居分憂之任乎東漢孔愚遠
則聰明過人才局絶學故為後郡長史時雖醉日居
多而醒時判決未嘗有壅衆咸稱之曰孔公一月二
十九日醉勝世人二十九日醒若此人則可矣非此
人則不可矣
催科在富歲尚患其難矧玆民食孔艱杼柚俱空乎
然昔賢以催科不擾為催科中撫字弛張闊狹之間
自有權度存焉幸以勿忘勿助底心法試用於此政
如何

明春當設賑耶苟爾則以公乎以私乎救荒之政蠲除賑貸固當汲汲於其時而撫存休養尤當謹之於其終然形格勢禁到底憂憂以老兄存心愛物亦無以盡振民育德之實也朱先生踏荒而有詩曰阡陌縱橫不可尋羆傷狼藉正悲吟若知赤子原無罪合有人間父母心如老兄司百里之命者政宜圭復故爲一誦之

言語

古人所云守口如瓶者政是吾人遵而勿失者也宋太史黃庭堅云士大夫三日不讀書理義不交於胸中便覺面貌可憎語言無味言語之有資於讀書者亦不少矣

孔徒七十不爲不多而惟獨子貢一人善爲說辭則言語之難亦若是矣

君子必欲訥於言而敏於行則可知其篤行必先於善言矣豈可登枝而捐根舍本而取末乎

論語云巧言令色鮮矣仁夫言語豈欲如鄧艾之口喫語艾〻之狀哉必也遠其鄙悖之說愼其樞機之發若或對人言欲媚其人之意雖有不合於道強取討引勤做堅白必謂政合於道則難免巧言令色之名而雖不顧自己心法之如何而外若正大強做體貌他人之心則已爲心笑而腹非矣可不謹哉可不愼哉

金人之三緘其口可見愼言之爲第一急務

是非

附諸家之出於是入於非

道家者流淸虛以自守卑弱以自持及放者爲之則欲絶去禮學兼棄仁義

陰陽家者流蓋出於義和及拘者爲之則牽於禁忌泥於小數舍人事而任鬼神

法家者流蓋出於理官信賞必罰以輔禮制及刻者爲之則無敎化去仁愛

墨家者流蓋出於淸廟之守茅屋採椽是以貴儉養三老五更是以兼愛及蔽者爲之則推兼愛之意而不知別親踈

天下只有一是一非是者則便還他是非者則便還

他非矣
為此說者眞兒童賈竪之見也亦何能齊不齊之口
使人〻信服哉
夫百人同行而或指之曰是中有盜則彼百人者擧
無以自明矣
一雄唱之百雌和之風馳電激使人立脚不住
人在世間孰無謗議惟自處之為難文中子所謂自
修無卞眞切要之言
轉輾因仍一層加於一層一言滐於一言枝上生枝
節上生節以至今日乃有所不忍聞者
不疑之窃金彥博之賂金如此等謗言雖百車何損
也

傷弓之鳥見曲木而驚病暑之牛望夜月而喘

借求

什器用

琴 綠綺 焦尾 **枕** 遊仙 龍形 **席** 鱗紋一半月一 碧蒲一龍鬚 **几** 烏皮 **簾** 鳴風 搖月 **簟**

使 敍 **床** 坐穿 **爐** 博山一 睡鴨一 寶鴨 銀猊一 **鼎** 金鉉 黃耳 **劍** 巨闕 **鏡** 火齊 **扇** 便面

弓 七幹 越棘 一一 燕角一 烏號 **矢** 白羽 金僕 **燭** 蓮炬

服飾

衣 製荷 雲裙 一一 綈袍一 縫掖 **履** 絲鉤一 一青絲 兜鞋

食物

米 長腰 白粲 **酒** 平原督郵一茅柴皆薄酒也青州從事 一流霞一竹葉青一壯元紅一真珠紅

一蒲萄綠一歡 伯皆好酒也 **燒酒** 秋露一紅露 自元時始有 **茶** 瑞草胜一龍 團一鳳髓一

露芽一 紫雲堆 **雉** 華虫 錦翎 **雞** 鑽籬菜 一翰音 **魚** 水梭 花 **蟹** 郭索翁一 無腸公子

人馬 人馬 一六足 一騎卒 馬 鬣者 地用 驢 長耳 衛兒

近日不讀書久矣口中荊棘腦裏茅塞日甚一日不
勝悶然玆以煩陳幸須勿以四痴而不借其書必爲
惠借當此可親燈火之時無至虛度歲月之地千萬
切仰

日長如年無以破午睡欲借兄家楸枰以逞橘中之
樂而第所本無陶荊州未敢投之江也勿慮惠借如
何如何

第之無代步者久而今有萬萬緊切事欲訪其友矣
窃想貴廐驥足間立驕嘶故玆以仰告倶庠夫借送
切企切企

第聞某物即貴邑之所產也若或使此得見奇品得食珍味則其為感結心曲輝生家中者當如何哉

壽筵請謝

附仙府長生之物

交梨火棗（東方朔獻漢武以交梨火棗皆千年仙果）氷桃雪藕（西王母進周穆王）瓊漿玉液（瑤池宴酒）瓊飴（仙酒）

某日即家君之初度也以若志喜之心宜舉祝崗之觴而老親此時懷思以其當倍他辰詔于不肖使之不敢稱伊日故畧設小酌仰請知己為詡矣兄須枉臨焉

盛速豈敢不進恭頌南陵之列獲覩翩彩衣之舞哉望須匿其最末一席焉

慈庭回甲在於某日而雖無盛饌略設小酌以寓稱
兕祝岡之誠為訃華於伊日賁臨千萬
萱花長茂於六十春光蘭芽競照於千萬年觴此是
人家之稀事德門之吉慶也謹當趍賀於左右矣

婚禮

附嫁娶之本

古者民無男女之别太昊伏羲氏始制嫁娶以儷
皮為禮正姓氏通媒妁以重人倫之本而民始不
瀆

佳婿

晋太傅郗鑒遣門生於王丞相求女婿丞相語郗
之門生曰君往東床任意選之門生歸白郗曰諸

郎皆佳聞来覔婿咸自矜持惟有一郎在東牀上坦腹臥如不聞乃是逸少也因嫁女焉

賢婦

東漢梁鴻娶孟光始以裝飾入門鴻曰吾欲與裘褐之人俱隱洿山令衣綺縞傅粉墨豈鴻所願哉妻乃更為椎髻着布衣操作而前鴻喜曰此真梁鴻妻也

呉虞䫉之妻嫁其女臨去勅之曰慎勿為好女曰不為好可為惡乎母曰好尚不可為其況惡乎

婚姻文字

月下繩（姻緣） 旭雁（婚期） 結褵（賀嫁） 受室（娶妻） 于歸（嫁女） 星期（婚日）
月書（婚書） 館甥（納婿）

婚書式

某貫後人 姓名拜

時維孟春（隨時書之）

尊體百福僕之第幾子（以祖主婚則云第幾孫 以兄主婚則云第幾弟）

某年既長成未有伉儷伏蒙

尊慈許以

令愛既室（孫女則云令孫女 姪女則云令姪女）茲有先人之禮謹

行納幣之儀不備伏惟

尊照 謹拜上狀

年月日

封皮云上狀某官執事謹封上着啣

再三娶婚書式

某貫後人姓名拜

伏承

嘉命許以

令愛既室于僕之孱幾子某茲有先人之禮謹

行納幣之儀不備伏惟

尊照 謹拜上狀

年月 日

親事既已卜吉秦晋之好良愜願幸

親事詢諸卜說僉以形便當在秋来而亦不敢不惟

命之從耳

未教稚息猥蒙辱許爲親禮當趂時請期而抵此遷

延不勝悚仄

政仰吾兄不厭清貧之箴心寔出於不以財爲禮當
時士大夫效之則夷虜之風庶幾其不行乎
婚議既符彼此情願只年歲是俟耳
族望非高聲猷不競猥蒙謙眷屢致勤誠爰稽合姓
之文將卜宜家之慶
不量褻族久慕高閥輒憑咫尺之書以諾婚姻之好
感頌之心何可形喻
迎婚納婦兩家父行較長短量才貌相誇相毀自是
婚姻家第一滋味
送子招婦便是晩來初慶百禮順成羣節并恰滿心
欣喜豈可形言
世襲之義重之以婚姻之好滿心欣悅之中婦兒人

德恰是所望

生子生女賀謝

繼後文字

卒眷　吾兒得繼後之兒而清姿有無忝之望

螟亂　式穀得賢　久艱熊夢喜續獜兒

吾兒有弄璋之慶云况是春晩高堂蘭茁初芽者乎

仰賀之忱自不能已 賀生子

添丁之喜在渠非云晩矣而其爲一時慰悅親心者

亦莫過於此矣 賀答

令聞某人所傳則去夜有弄瓦之慶矣弄瓦雖不如

弄璋及其方產之時用慮之際不論璋瓦惟以順娩

爲祝矣第玆產後無頉是爲目下大慶幸勿悵然如

何如何 賀生

人有生女者然後又必有娶婦者豈可但為我生子而不念人之娶婦哉此世亦當有為我娶婦而生女者則我豈無生子之日乎以是自慰耳 答賀生

饋遺

附物目

獸 頭或隻或足 **禽** 首鷹曰鶻一翎 **魚** 尾石魚曰束全鰒曰串 **乾柿** 貼 **[illegible]** 坐

錢 緡或貫或文 **器具** 部 **扇** 把或柄 **席** 張或幅 **綾段** 匹 **衣服** 件或襲

鞋 兩或對 **米** 石或斗或升或刀 **麴** 圓 **酒** 瓶或壺 **餅** 器 **果實** 斗或升或箇

藥材 斤或兩木花同 **書冊** 帙或卷 **紙** 束箇紙曰幅周紙曰軸 **筆** 柄

硯 面 **墨** 丁或笏 **帳** 浮

惠燭明瑩有若故人一片相照者

惠来節箑珍感何極亦願遍布清風以蘇枯暍

新貢之惠酬應浩多之中何以念及於此耶遂令山中有甲子將免寒盡不知年之歎良感厚眷

席子之惠珍感萬々而況是奇絶之品殆無異於石葉之五香漢家之六采耶

俯惠毛浮政是寒士家侈品也足以去濕於夏去冷於冬仰感故人之德意不知其攸謝之語也

淸香之惠未及開緘自能透裏襲人謹當長置几案以為千里薰德之資耳

惠寄諸種眞中心之貺也拜領德意銘謝不已

惠饋水陸之品俱是太濫於山厨而且各有其義非尋常贈遺彌劇銘謝

恵寄幾種若非吾兄何以作年例也果以奉祭肉以俱旨物〻緊感不知收謝

歳儀諸種依領多謝而殘邑此政恐是行不得者還可奉念也

俯恵諸種以若薄廩何以及此措大耶拜領珍感不任僕〻

薄廩賻饋誠甚感戢而記念於衆犒之際存錄於歳儀之末其所僕〻匪直在物

薦引

附地師卜士相士書

地師精工堪輿之神術妙得郭璞之秘旨卜士學繼虛中（李虛中精五行推人窮通壽夭百不失一）相士眼如唐舉術似

秋壑孫秋壑善相決裴度當入相畵工衆史畵工之稱高手抄入三昧

其友之器量與世閥俱宜登用於明廷而尚此空老於草野者非但其友之冤屈實欠擧賢之公道故玆拱汲綆之義幸須同心奬成無惜齒牙餘論

伏聞建官設職朝廷之事也任賢進能宰相之責也今有賢能之士潛藏於林樊而其像也殆同蘙雲之梗楠不售於匠石伏櫪之驥駿不遇其伯樂故不勝愛惜之心敢陳先容之義伏望垂察焉某雅即故某之孫也固窮蟄居以洪筆為鋤耒紙札為良田玄默為稼穡義理為豊年文章為錦繡謙虛為席薦行仁義為室宇修道德為廣宅如此人器在今世其將何

處得来耶

旅別

附杜翁送別詩

送路六侍御入朝 童稚情親四十年中間消息兩茫然更為後會知何地忽漫相逢是別筵不分桃花紅勝錦生憎柳絮白於綿劒南春色還無賴觸忤愁人到酒邊

送韋員外 雙峰寂ㄷ對春臺萬竹青ㄷ照客杯細草留連侵座軟殘花悵望近人開同舟昨日何由得并馬今朝未擬回直到綿州始分手江頭樹裡共誰来

雪晴雲散便是別離氣像化翁亦鮮吾人之意而然

耶拜别之前預切冲悒

幾月同處將見兄南弟北雖致燕鴻之相失豈至魚雁之久阻乎

歲幣封褁有日啣 命出疆匪朝伊夕家國之戀原濕之勞伏想閔心而第念一渡鴨江則遼野接天一望無際可以寬丈夫胸海且薊門烟樹居庸長城亦足以壯人心目 燕行

辭陛隔日拜別無由雖緣事勢不勝悚悵 監司

明日則皀驂將南飛矣 三南云 擁盖垂幨榮耀道路兄能不以此自大而忘我窮交則眞是吾友然兄之堅操雖得大於此者不動吾心矣豈以一太守而自大耶前言固戲耳 守令

憂患

附湯憂慎節類

親患 湯憂一大庭患候○萱堂調節 身病 慎候一慎節一調候 妻病 問患一內患

子病 惟憂 臣病 十起之憂

間者齊憂勝常純誠攸格自應遄復天和而日臻彌
留尚遲有喜仰慮切ㄷ

老兄尚患屢空萩水不繼而閱月侍湯壁立鉼罄無
計可施焦遑罔措不見是圖

禮不櫛不翔不惰不御不變味不變貌不剡不詈疾
止復初而今者勿藥難以時月可期則老兄之身已
先病矣病致其憂子職也然聖人猶必為之委曲以
制禮者以人情有過不及故約之以中也若如焚如

灼已矣則安能自全以救療乎向奉色容焦枯不勝憐傷謹茲仰勉幸須千萬自珍 以上問人之親患

瞑眩之藥屢進未效其他小〻温平可口之劑固未望其有補矣

正當循序而積漸將理使氣體浸充可及平人而後已豈可責效於一朝一夕之間而遽恠其不及於平人哉

若或昧於攝理使百病交攻則根本已衰不能與病為敵遂至沉苦成痼日甚月甚矣豈不大可懼哉幸須千萬自護 以上問身病

傷逝

附告訃弔狀別紙慰狀

訃告

某官某氏大人（母喪云大夫人某封某氏　妻喪云室內某封某氏）某公以

宿患今月某日某時別世專人訃告

年月日　護喪姓名

弔狀　慰承重者同

某頓首再拜言（降等止云頓首）不意凶變（亡者官尊云邦國不幸）

先某位（無官則云先府君母云先夫人某人　云尊祖考某位尊祖妣某封）承重奄

棄榮養（亡者官尊云奄捐舘舍）承（喪人無官則云色養）

訃驚怛不能已已伏惟（降等緬惟）

孝心純至思慕號絕何可堪居日月流邁遽踰

旬朔（已葬云遽經襄奉卒哭小祥大祥禫祭）哀痛奈何罔極奈何

不審自

罹荼毒 父在母亡云憂苦

氣力何如伏乞 降等云惟冀

強加饘粥 已葬云疏食 俯從禮制某役事所縻 在官則云

職有守或在京鄉則云京鄉路左 末由奔

慰其於憂戀無任下誠 降等云未由慰悲係增深 奉 謹奉疏

伏惟

鑑察 降等去此四字 不備謹疏 降等云不宣謹狀

年月日 姓名疏上

某官 大孝 苦前 母亡云至孝已葬云哀前

封皮疏上某官大孝苦前姓名謹封 重封同

別紙

禮書之外夫復何言

病患雖云況痼 年齡又未隆高意謂神明所佑

自可勿藥豈料今日遽承

凶音耶猝當 巨創初終凡百能免無憾而以平

日

純至之孝哀毀之節想必過度矣惟冀

節哀順變無至以孝傷孝之地如何如何

答狀 承重者同

某稽顙再拜言某罪逆深重不自死滅禍延先考

(母云先妣承重則云先祖考先祖妣)攀擗踊五内分崩叩地叫天

無所逮及日月不居奄踰襄奉(随時同前)酷罰罪苦(父在)

(母亡云偏罰罪深父 先亡則母與父同)無望生全即日蒙

恩祗奉几筵苟存視息伏蒙

尊慈俯賜

慰問哀感之至無任下誠（降等云特承慰問 為哀感但切此懷）其末

由號訴不勝隕絶謹奉疏荒迷不次謹疏

年月日 孤子（母喪稱哀子俱亡即稱孤哀子 承重云孤孫哀孫孤哀孫）

姓名疏上

其位 座前

封皮重封并同前

別紙

別紙

下問哀感萬〻云〻

慰狀

省禮言 德門不幸

尊祖考（伯叔父母姑姊并加尊字兄姊弟妹皆加令字降等賢字）奄忽

違世（妻云賢閤喪事）承

訃驚怛夫復何言伏惟（降等見前）

孝心純至哀痛摧裂何可勝任（伯叔父母姑云親愛加隆哀慟沈痛何可堪勝兄姊弟妹云友愛加隆妻則云伉儷義重悲悼沈痛子侄孫則云慈愛隆深悲慟沈痛）

不審孟春（寒溫隨時）

服體何似伏乞（降等見前）

深自寬抑以副區〻之望某狀云〻一書替

慰亦後於人是豈平日之誼耶謹奉狀伏惟

鑑察不備謹狀　　年月日　　姓名狀上

某官　朞服　座前

封皮狀上某官朞服座前

答狀上

省禮言家門凶禍（伯叔父母姑兄姊弟妹云家門不幸妻云私家不幸子侄孫云私門不幸）先祖考（隨屬親）奄忽棄背（手下云遽爾喪逝）痛苦摧裂不自勝堪（手下云摧痛酸苦妻云悲悼酸苦不自勝堪）伏蒙

尊慈俯賜

慰問哀感之至不任下誠（降等見前）弟伏惟春寒（寒溫隨時）

尊體萬安（降等云動止）伏慰區區（降等云遠慰）某云云末由面訴徒增哽塞謹奉狀不備謹狀（降等云不宣）

年月日　朞服人姓名狀上

某位　座前

封皮云　答狀上某官座前

某友死後更不得見如某友者典型雖下賤之人若

或有形貌之彷彿則必當如孔融之蔡邕亡後見虎
賁士貌類於蔡酒後引坐謂之以雖無老成人且有
典型者矣吾兄之懷想必一般

某友之作古人者日已久矣月再易矣其悲痛悵愴
之懷凡在知舊間者人孰不然而兄與弟則於此友
尤有別焉且聞劉發在通云豈可無一篇輓詞以伸
悲懷也哉此友於詞律頗有癖好而其在情契若無
一詞則必當悵〻於冥〻之中矣

今聞轉便所来之言則某甫死於某時云兄或有入
聞者否此說果非虛言則以某之賢而胡為死也以
某之哲而胡為死也晋人哭和長輿曰峩〻若千丈
松崩此言政道某甫之死也

簡牘精要 五十一

近日友道絶無僅有而弟自托契於某甫始見其切偲之義規箴之益矣今則已矣郢斤從此而廢牙絃由是而綴悵愴之私曷以形容

喪人往復

附稽顙罪人類

稽顙（三年之禮）頓首（自大祥後至吉祭前稱之）罪人（一罪弟三年內自稱之號）心制人（大祥後自稱）禫制人（禫祭後自稱）

日月迅邁虞卒已過頑然冥迷訖不能滅死泯〻而屢踽〻而行忽焉若不知至痛之在已而苟活之可耻生為不孝之人死為不孝之鬼

周朞三百不為不久而獨於有喪之家偏若為易則攀號痛毒何以堪居（小祥慰）

光陰迅疾不翅駒隙頑命苟生常事隔日哀霣之私

豈可形喩 答小祥慰

二十五月若駟之過隙祥日倏焉已過其去滋〻之日只有一月餘仰惟孝思無窮靡所逮及也不勝悲念 慰過大祥

頑命苟生奄過再朞所中之月又為隔近亡者日遠存者日忘此豈人理之所堪也哉 答慰大祥

居諸易逝吉事奄過仰想孺慕倍切 慰闋服

頑忍之命苟遑其死今則已同恒人居則忽〻然無生世之意出則茲〻然無所適對人將言則泚然而其顙先汗如此而生真不如死之久矣只自痛霣而已 答慰闋服

科學

附式年文科初試之數

漢城府一百十人　忠淸道二十五人
慶尙道三十人　全羅道二十五人
江原道十五人　黃海道十人
平安道十三人　咸鏡道十人
通讀三十人

生進初試之數

漢城府二百六十人終同
忠淸道九十人終同　慶尙道一百人
全羅道九十人　江原道四十五人
黃海道三十五人　平安道四十五人

咸鏡道 三十五人
陞補三十人 合製四十八人

一擧大闡快副庭闈之望閭之喜悅殆不能寐然士所當爲不止於此紗年仕宦又非所急更宜留心於其大者益讀聖賢之書以需異日之用也

出身事主將不落莫此晦翁賀同父語也今日聊爲左右誦而祝之也

科第是早晩事雖不足爲賀而出身事主由此權輿便以世道生民爲意 以大科

自聞擢冠上庠欲遣一書以伸欣悅之意而不但病未能爲亦念此在吾人不足爲賀也 小科

一解無足稱賀於老兄而亦可副庭闈之望實是大

幸也第勉力蓄鋭以做蓮榜之喜如何

小鮮何足賀而惟有終是祝又進於大則尤善耳 以上初試

科事初既不以必得之心一試焉則失之亦何道也豈足歎也 慰不中

失鮮能自遣否後生所慮只是學不足身不立爾得失區區何足深介意也 慰初試不中

仕官內職

附京官類衙門類

京官類

領相 元揆 領閣 左相 左揆 左閣 右相 端揆 右閣 左參贊 三宰 右參贊 四宰

吏判 大冢宰 長銓 吏參 亞銓 吏議 三銓 户判 大司農 度支長 禮判

大宗伯 大司徒 兵判 大司馬 騎判 刑判 大司寇 秋判 工判 大司空 判義
禁 判金吾 執金吾 大司憲 都憲 大司諫 諫長 大司成 國子長 泮長 都
承旨 都令 知申 翰林 內翰 玉堂 瀛仙 應校 東壁

備邊司 籌司 吏曹 天官 戶曹 地部 禮曹 春官 兵曹 騎省 刑曹 秋曹
工曹 水部 禁府 金吾 宣惠廳 惠局 奎章閣 內閣 司憲府 霜臺 司
諫院 栢府 薇垣 政院 喉院 銀臺 玉堂 玉署 瀛閣 侍講院 春坊 翊衛司
桂坊 承文院 槐院 成均館 國子 校書館 芸閣 內醫院 內局 藥院 司
饔院 廚院 通禮院 鴻臚 司僕寺 太僕 軍器寺 武庫 觀象監 雲觀
奉常寺 太常 掌樂院 梨園 廣興倉 太倉 長興庫 豊儲

恩荷簡心位齊秉軸伏想感祝無比 賀擢卜
自顧齒質素乏紆謨未補玉燭之化而猥蒙金甌之

卜惶汗沾衣不知所處 (答卜相賀)
既躋八座之崇秩乃副萬民之顒望非但為公之幸
亦切加額之私 (賀正卿升擢)
識未庸駑何足以擬議於　清朝崇班而猥蒙誤
恩不勝惶懍 (答賀正卿升擢)
位躋亞卿望副萬民伏想感祝　聖恩 (賀亞卿升擢)
何日陞秩特出於知簡之　隆眷伏想感惶交切而
不勝攢賀之忱 (賀通政)
秩祿漸晉實荷　幈幪之庇然自顧孱門無乃太盛
不無盈滿之懼也 (答賀亞卿升擢)
自顧殘劣之質譬若駑駕望絕致遠惟思解鞍脫韁
與麋鹿共遊草野矣豈能追及於羣駿之間哉徒彼

清朝誤恩不勝惶蹙之私 答通政賀

官卑祿薄雖不夬意然比之一介寒士區〻敎學仰食於人者則豈不恭哉以是為賀也 初仕賀

夢寐之外得叅一命舉家惝怳若蟄虫之聞震雷幽谷之覩白日母子兄弟聚首感泣 答初仕賀

將任

附元戎亞將

副將 元戎 捕將 亞將 禁軍別將 亞將

位望俱高於登壇 榮恩深荷於 簡心伏惟感祝無地而旋切攢賀之微忱 賀拜大將

才非干城榮溢門闌窃伏想知莫如之 聖恩非不明燭其菲才不合於是任但其 曲成之澤迨此非

注意之時　施其糜好爵之恩也其所感祝實倍他

人而將何以報答其萬一耶 答賀拜大將

方伯

附八道監營類

京畿監營 畿營　忠淸監營 錦營　慶尙監營 嶺營

全羅監營 完營　江原監營 東營 原營　黃海監營 海營

平安監營 箕營 浿營　咸鏡監營 咸營

聖恩旣蒙於　簡心重寄光膺於藩任一道之民將

見召伯憩棠之化爲　國家誠甚萬幸

擢授方面光膺　寵命伏想感祝無比而文駟雕軒

奉以專道之眷在台監私計得矣幸須仰體　委畀

之恩益勉撫字之政 以上賀除監司

猥以無似濫叨非分昕陳必迹之義旋蒙往欽之
命渠以何人厚被 隆渥如是之切共惶懍之極不
知容措也
某臬新 命寔出意外以其私分而言之則榮養若
親甚是幸矣然自顧才踈學淺之人雖當私家有事
之時不知措處之方每每見笑於婢僕況此鎮撫吾
民黜陟守令者其任倍於此十百乎辭遆不得憂懼
未已 以上答

留營

西四都留營

開城府 摠營

華城府 隋城

江華府 沁營

廣州府 南城

簡牘青 五十六

恩除遷降聿膺元聖留洛之任伏惟山斗之望老成之德将有監我士師工丙亂為周家之四輔矣此非但．國家之大幸亦可副士友之仰望欣忭之餘旋切伏賀 賀除留守

少無肖似之質猥蒙居留之 命言念職事之所重殆若蚊負泰山惟顛沛是懼耳 荅

閫帥

附兵水營類及諸營

統營 統制營　北營 北兵營　南營 南兵營　清營 忠清兵營　康營 全羅

兵營　嵩營 慶尚左兵營　嘉營 慶尚右兵營　岡營 黃海兵營　平營　柳營

并平安兵營　桐營 京畿水營　蘊營 忠清水營　萊營 慶尚左水營　梅營 全羅

左水營　蓮營 全羅右水營　蘇營 黃海水營

諸營類

灣營（義州） 萊營（東萊） 江營（江界） 防營（防禦使營） 中營（中軍）

鎮營（營將）

令搖山嶽威振東南

旗掣海雲印搖邉月

命膺制閫榮耀建鉞攢賀之極不知所喻（賀閫帥除）

跡厠虎班者今爲幾年而徒竊 國家祿米未有涓

埃圖報常切悚惶不知措躬之所矣又此 聖恩出

常以其不才而不棄爰 畀閫帥之職尤不勝懔感

之忱（荅）

答

附各邑吏胥通里

簡牘精要 五十三

三十四官

驪州 黃驪 百八十里　坡州 坡平 八十里

楊州 見州 六十里　富平 桂陽 五十里

南陽 唐城 百五里　仁川 邵城 五十里

利川 南川 百四十里　長湍 湍州 百二十里

通津 汾津 百里　喬桐 高林 百八十里

竹山 竹州 百七十里　楊根 恒陽 百二十里

安山 蓮城 五十七里　朔寧 安朔 二百里

安城 白城 百七十里　麻田 眉山 百六十里

高陽 德陽 四十里　金浦 金陵 六十里

交河 宣城 八十里　加平 嘉平 百三十里

龍仁 駒城 七十里　振威 金山 百二十里

永平 永興 百四十里　陽川 巴陵 三十里
砥平 砥峴 百六十里　抱川 清和 百里
積城 重城 百里　果川 富林 三十里
始興 黔川 三十里　漣川 漳州 百四十里
陰竹 雪城 百九十里　陽智 秋溪 百二十里
陽城 赤城 百五十里

忠清道 五十四官

忠州 太原 二百八十里　清州 上黨 二百九十里
公州 熊津 三百二十里　洪州 洪陽 三百里
清風 沙熟 三百四十里　林川 嘉林 四百里
丹陽 丹山 三百七十里　泰安 蓴城 三百九十里
韓山 馬山 四百四十里　舒川 西州 三百里

簡牘精要 五十

沔川 沔州 三百十里　天安 寧山 二百十里
瑞山 富城 三百五十里　槐山 槐州 二百八十里
沃川 沃州 四百十里　溫陽 溫泉 二百三十里
大興 任城 二百八十里　文義 一年 三百三十里
鴻山 大山 四百十里　堤川 奈堤 三百十里
德山 德豊 二百八十里　平澤 河入 一百六十里
稷山 蛇山 百八十里　懷仁 木谷 三百五十里
定山 悅城 三百五十里　青陽 青武 三百二十里
延豊 長延 三百二十里　陰城 雪城 二百四十里
清安 道安 二百八十里　恩津 德恩 四百里
懷德 比豊 三百四十里　鎭岑 祀城 三百四十里
連山 黃山 四百里　魯城 尼城 三百七十里

扶餘 餘州 三百八十里　石城 石山 三百九十里

庇仁 比衆 四百二十里　藍浦 馬山 三百七十里

鎭川 常山 二百四十里　結城 潔州 三百十里

保寧 新村 三百五十里　海美 貞海 三百十里

唐津 夫只 三百五十里　新昌 溫山 二百二十里

禮山 烏山 二百五十里　木川 大麓 二百四十里

全義 金岐 二百四十里　燕岐 全岐 二百九十里

永春 子春 四百七十里　報恩 三山 三百八十里

黃澗 黃溪 五百十里　靑山 耆山 四百二十里

牙山 牙州 二百十里　永同 稽山 四百七十里

全羅道 五十六官

全州 完山 五百里　羅州 錦城 七百五十里

濟州 耽羅 九百四十里 水路九百七十里

光州 武珍 七百二十里　綾州 綾城 七百五十里

南原 龍城 六百三十里　長興 冠山 八百九十里

順天 昇州 七百七十里　潭陽 秋城 六百七里

礪山 壺山 四百三十里　長城 鰲山 六百七十里

茂朱 朱溪 四百八十里　寶城 山陽 八百五十里

益山 金馬 四百五十里　古阜 瀛川 六百里

靈巖 朗州 八百二十里　靈光 武靈 七百十里

珍島 沃川 一千三十里　樂安 洛川 七百八十里

淳昌 玉州 六百三十里　錦山 錦溪 四百八十里

珍山 玉溪 四百五十里　金堤 碧骨 五百三十里

昌平 新陽 七百里　龍潭 玉川 五百三十里

臨坡鷲山四百九十里　萬頃杜山五百十里

金溝鳳山五百二十里　光陽晞陽八百十五里

咸悅咸羅四百四十里　扶安扶寧五百七十里

咸平牟陽七百七十里　康津耽津八百八十里

玉果雪山六百六十里　高山鳳山四百七十里

泰仁太山五百七十里　沃溝玉山五百三十里

南平永平七百五十里　興德興城六百三十里

井邑井村五百九十里　高敞牟陽六百四十里

龍安七城四百二十里　茂長長沙六百七十里

務安錦州七百九十里　求禮鳳城七百六十里

谷城洛州六百七十里　雲峯雲城六百八十七里

任實雲水五百七十里　長水長州六百四十五里

鎮安 越浪 五百八十里　同福 龍城 七百三十里

興陽 高興 八百九十里　海南 海珍 九百里

太靜 俛来 距濟州三百十一里　旌義 洪爐 距濟州四百十一里

和順 汝湄 七百六十里

七十一官

慶尚道

慶州 鵝林 七百六十里　安東 永嘉 五百四十里

昌原 合浦 八百八十里　尚州 上洛 四百八十里

晋州 晋山 八百五十里　星州 星山 六百里

金海 盆城 八百八十里　寧海 禮州 七百五十里

密陽 密州 八百十里　善山 善州 五百五十里

青松 青鳧 六百二十里　大邱 達城 六百七十里

順興 興州 四百六十里　咸陽 咸陽 七百十里

蔚山 蔚州 八百八十里　巨濟 岐城 千里

河東 河南 八百二十里　東萊 萊山 蓬萊 千里

仁同 王山 五百九十里　居昌 居陀 七百十里

漆谷 八莒 六百六十里　陜川 大良 七百十里

草溪 八溪 七百里　清道 鰲山 七百四十里

永川 永陽 六百八十里　醴泉 甫州 四百八十里

榮川 榮州 四百八十里　興海 曲江 七百五十里

梁山 良州 九百里　咸安 咸州 八百里

金山 金陵 五百六十里　豐基 基州 四百三十里

昆陽 昆南 九百里　盈德 野城 七百九十里

慶山 獐山 七百里　固城 固州 九百里

義城 聞韶 五百九十里　南海 海陽 九百十里

開寧 (甘州) 五百五十里
三嘉 (岐山) 七百七十里
宜寧 (宜春) 七百七十里
河陽 (河州) 六百八十里
龍宮 (龍州) 四百五十里
奉化 (鳳城) 五百十里
淸河 (德城) 八百十里
彥陽 (獻陽) 八百十里
漆原 (漆堤) 七百七十里
鎭海 (牛山) 八百四十里
眞寶 (眞安) 六百二十里
聞慶 (冠山) 三百八十里
咸昌 (咸寧) 四百四十里
知禮 (邑城) 六百十里
安義 (花林) 七百五十里
高靈 (靈川) 六百五十里
玄風 (苞山) 七百二十里
山淸 (山陽) 八百四十里
丹城 (珍城) 八百八十里
義興 (缶山) 六百十里
軍威 (赤羅) 五百七十里
比安 (屛山) 五百四十里
新寧 (花山) 六百四十里
禮安 (宜城) 五百十里

迎日 臨汀 七百七十里 長鬐 鬐山 八百十里

靈山 鷲城 七百四十里 昌寧 昌山 七百十里

泗川 東城 八百八十里 機張 車城 九百五十里

麒川 屏山 八百六十里 慈仁 餘沙 七百二十里

英陽 延陽 六百四十里

黃海道 二十三官

黃州 齊安 四百六十里 海州 首陽 三百八十里

延安 海皐 二百五十里 平山 永豐 二百六十里

豐川 西河 五百五十里 谷山 家山 四百四十里

長淵 長潭 五百二十里 瓮津 瓮遷 四百八十里

鳳山 鵂岩 四百十里 安岳 楊岳 五百三十里

載寧 安陵 四百六十里 遂安 遂州 四百三十里

白川 銀川 二百十里　信川 升州 四百六十里
金川 金陵 二百里　新溪 新恩 三百三十里
文化 信州 五百二十里　長連 長命 五百七十里
松禾 嘉禾 五百十里　康翎 永康 四百五十里
殷栗 栗川 五百五十里　兒山 月城 二百三十里
瑞興 龍西 三百四十里

平安道 四十二官

義州 龍灣 千八十里　平壤 箕城 五百五十里
寧邊 藥山 七百七十里　安州 安陵 七百二十里
定州 定遠 八百八十里　江界 石州 千三百里
昌城 昌州 千八十里　宣川 通州 九百十里
成川 松壤 七百十里　朔州 寧塞 千二十里

肅川 平原 六百六十里　龜城 龜州 八百八十里

中和 唐嶽 五百里　慈山 慈州 六百四十里

鐵山 銅山 九百六十里　龍川 安興 九百九十里

楚山 理州 千百七十里　三和 牛山 六百六十里

咸從 牙善 六百二十里　祥原 土山 六百二十里

德川 德州 八百二十里　价川 朝陽 八百二十里

嘉山 撫艮 七百八十里　郭山 定襄 八百八十里

順川 靜戎 七百五里　慇川 咸城 九百七十里

碧潼 陰潼 千九十里　雲山 雲州 八百三十里

博川 博陵 七百六十里　渭原 密山 千三百里

寧遠 遼原 八百里　龍岡 烏山 六百四十里

永柔 永清 六百三十里　甑山 西河 六百四十里

三登 能城 六百四十里　順安 平郊 六百里

江西 舞鶴 六百里　陽德 東陽 九百里

孟山 孟州 七百五十里　泰川 光化 八百十里

江東 松壤 六百十里　殷山 殷州 六百七十里

江原道 二十六官

江陵 臨芚 五百三十里　原州 西興 二百四十里

淮陽 襄山 三百八十里　襄陽 襄山 五百四十里

春川 壽春 二百五里　鐵原 鐵城 二百里

三陟 陟州 六百五十里　寧越 奈城 四百十里

伊川 花山 二百八十里　平海 箕城 八百八十里

通川 通州 四百四十里　旌善 桃源 四百三十里

高城 豐岩 五百十里　杆城 水城 五百五十里

平昌(魯山)三百七十里　金城(道成)二百七十里

蔚珍(仙槎)八百里　歙谷(鶴林)四百七十里

平康(平江)二百五十里　金化(夫如)二百二十里

狼川(牲川)二百三十里　洪川(緑驍)二百二十里

楊口(楊蘐)三百七十里　麟蹄(猪足)三百七十里

橫城(潢川)二百四十里　安峽(安朔)二百二十里

咸鏡道　二十四官

永興(歷陽)六百八十里　吉州(吉城)千三百九十五里

咸興(咸州)七百七十里　鏡城(雉城)千六百里

慶源(匡州)二千九百十五里　會寧(鰲山)千九百四十里

鍾城(愁州)二千四十里　穩城(氊城)二千百十里

慶興(孔城)二千三百十里　富寧(富居)千六百九十里

北青(靑州)千十里　德源(宜州)五百六十里
定平(中山)七百二十里　茂山(三山)千八百五十里
安邊(登州)五百二十里　三水(三江)千三百六十五里
端川(福州)千二百五十里　明川(明原)千四百六十五里
甲山(甲州)千二百七十五里　長津千五百二十五里
文川(文州)五百九十里　高原(尚州)六百三十里
洪原(洪獻)九百二十里　利原(觀城)千百十五里

一麾佩銅九里潤河乃是邑民之幸而固非士友之所望也

出宰山水縣讀書松桂林卽是古人之所樂而左右令得之矣仰想感祝旋坊攢賀(以上除外賀)

顧念親年衰暮菽水屢空始得專城之養以伸反哺

之情榮悅之外感祝居先
既無一能之類人猥叨百里之 分憂私心惶懍無
以形言 以上荅賀外除

臺諫 臺閣之彈寔出意外未展抱負旋遭此變慨歎之心
不但以知舊而然也第一脫濕衣便作閒人優游於
聖明之世亦非惡事焉知其福耶 賀
負犯甚大重律宜受而 聖度天大尚此暇息於覆
載之間惶隕之中不勝感祝 荅

遠謫 波翻謗海之餘駕啓長沙之行炎程躦趠之勞水土
不服之憂貢慮萬匚

竄逐之 命不勝惶懍而罪重罰輕豈非 天恩之偏滐耶旋庸感祝無地 荅

宥還

霜雪雨露總是 皇天造化豈容人力於其間哉卽晋本第攢賀不已而還稅之期惟是屈指而待 賀宥

罪重 公家生還故里莫非 恩私感極而泣殞結爲期 荅

復職

令見政目則吾兄始甄復矣久屈之餘豈可無知舊問攢賀之語也第感祝之心不言可想 賀

顧此事ㄷ之不能盡善每被貶逐者今復得此是何異於脂已摧之車重陟羊膓皷已折之柂復溯瞿塘

者式荅

邦慶

徽號載加縟儀誕舉臣民欣忭中外惟均 上尊號

國籙無疆 元良誕生臣民慶忭大小惟均 元子誕生

册梁禮成臣民慶忭 王世子册禮成

邦祿無疆 王候平復臣民之情驩忭曷已 上候平復

國哀

臣民無祿 仙馭賓天罔極之痛率普惟均

因山奄迫臣民痛寃

日月迅逝 國練奄過臣民之情去益痛寃

居諸如駟 國祥奄届吽梧之痛愈久愈深

執事類

其宅錄事廳入納書題所開坼 一用於大臣及品宗班 其營節

下執事 監留 鉞下執事 兵水使 其縣政閤執事 守令

貳衙執事 營下邑 其鎭戎軒 邉将 郵軒 察訪 記室 下

官 卑行 牧軒 監牧官 佐幕 幕府 子舍 衙子弟 行軒 行

中 匪所 謫所 侍右旅次哀次服次 卑幼

補合

治下某里居某雅即素所親切之間而其文華凡百

可謂一鄕之翹楚也幸望遣吏存問招見賜顔隨事

斗護以生光色千萬切仰 存問

某家将以某月日過葬於治下某處矣墓閣祭廳三

物幕附近洞借材造給屛帳鋪陳等屬亦為借送而

定将校限畢役護葬俾完人家大事之地千萬幸甚

請墓閪

某家墳山在於治下某里而不意某人偷葬於局內某處坐立俱見之地云云幸望待本家呈單捉枷牢囚不日督掘無至遷延之地千萬切仰

請山訟

由洞新板

簡牘精要卷之終

簡牘精要간독정요

2017년 6월 20일 초판 1쇄 발행

저 자 : 미상
펴낸이 : 김병환
펴낸곳 : 학자원
주 소 : 134-814 서울시 강동구 천호대로 1121
전 화 : 02) 6403-1000
팩 스 : 02) 6338-1001
E-mail : hakjaone@daum.net
등 록 : 2011년 3월 24일 제324-2011-14호

HAKJAONE Publishing Co.
1121 Cheonho-Daero Kangdong-Gu Seoul

ISBN : 979-11-87806-21-9 93810

값 15,000원